Peer Jürgens

Antisemitismus:
Sozialismus des dummen Kerls?

Sozialdemokratie und Antisemitismus im Deutschen Kaiserreich

Diplomica Verlag GmbH

Jürgens, Peer: Antisemitismus: Sozialismus des dummen Kerls? Sozialdemokratie und Antisemitismus im Deutschen Kaiserreich. Hamburg, Diplomica Verlag GmbH 2013

Buch-ISBN: 978-3-8428-6895-3
PDF-eBook-ISBN: 978-3-8428-1895-8
Druck/Herstellung: Diplomica® Verlag GmbH, Hamburg, 2013

Bibliografische Information der Deutschen Nationalbibliothek:
Die Deutsche Nationalbibliothek verzeichnet diese Publikation in der Deutschen Nationalbibliografie; detaillierte bibliografische Daten sind im Internet über http://dnb.d-nb.de abrufbar.

© Diplomica Verlag GmbH
Hermannstal 119k, 22119 Hamburg
http://www.diplomica-verlag.de, Hamburg 2013
Printed in Germany

Inhaltsverzeichnis

Abkürzungsverzeichnis

SPD	Sozialdemokratische Partei Deutschlands
DDR	Deutsche Demokratische Republik
CSAP	Christlich-Soziale Arbeiter-Partei
CSP	Christlich-Soziale Partei
AVP	Antisemitische Volkspartei
VDSt	Verein Deutscher Studenten
DHV	Deutschnationaler Handlungsgehilfen Verband
ADV	Alldeutscher Verband
BdL	Bund der Landwirte
ADAV	Allgemeiner Deutscher Arbeiterverein
SDAP	Sozialdemokratische Arbeiterpartei
ZK der SED	Zentralkomitee der Sozialistischen Einheitspartei Deutschlands

I Einleitung

Die deutsche Geschichte ist geprägt von traditionsreichen Kontinuitäten einerseits und vielfältigen, oft sprunghaften Veränderungen andererseits. Zwei Kontinuitäten, mit denen sich diese Untersuchung näher befassen will, sind die Sozialdemokratie und der Antisemitismus – zwei Begriffe und zwei dahinter stehende Entwicklungen, welche die deutsche Geschichte in den letzten drei Jahrhunderten mitprägten.

Die Sozialdemokratie ist eine der ältesten politischen Strömungen Deutschlands. Ihre Wurzeln reichen zurück bis zu den Anfängen der Arbeiterbewegung zur Zeit der deutschen Revolution 1848/49[1]. Noch vor der Reichsgründung 1871 manifestierte sich die Sozialdemokratie zu einer politischen Organisation und wurde bis zum Ersten Weltkrieg als Sozialdemokratische Partei Deutschlands die stärkste politische Kraft im Kaiserreich[2]. Nicht nur als organisatorische Struktur, auch mit inhaltlichen Konzepten trat die Sozialdemokratie in Erscheinung und setzte sich mit den gesellschaftlichen Umständen der jeweiligen Zeit auseinander. So musste sie sich zwangsläufig auch mit dem Phänomen der in der zweiten Hälfte des 19. Jahrhunderts immer stärker werdenden Judenfeindschaft befassen.

Feindschaft und Hass gegenüber Juden findet sich in der europäischen Geschichte schon in der Zeit vor unserer Zeitrechnung. Keine andere Volksgruppe bekam über Jahrhunderte hinweg derart Hass und Verfolgung zu spüren. Wie ein roter Faden zieht sich die Feindschaft gegenüber Juden durch die Geschichte Europas – überall, wo sie sich niederließen, schlug ihnen Misstrauen, Verachtung, Abgrenzung oder offener Hass entgegen. Den Juden freundlich gesinnte Phasen blieben seltene Ausnahmen. Auch im Deutschland des Kaiserreiches war Judenfeindschaft weit verbreitet – vielmehr: sie nahm in der zweiten Hälfte des 19. Jahrhunderts nicht nur bedrohlich zu, sie erreichte auch eine neue Qualität. Der Begriff Antisemitismus[3] wurde in Deutschland geprägt, bevor er seinen „Siegeszug" um die Welt antrat und damit nicht nur einer Jahrhunderte alten Tradition neuen Schub verpasste, sondern auch eine Entwicklung einleitete, welche in der Unfassbarkeit der Shoa gipfelte.

Was verbindet nun zwei so traditionsreiche Begriffe wie Sozialdemokratie und Antisemitismus? Zunächst vor allem die zeithistorische Nähe. Das Aufkommen des Begriffes Antisemitismus – geprägt vom Schriftsteller Wilhelm Marr 1879[4] - und der Entwicklung hin zu einer politischen Bewegung fällt in die gleiche Epoche wie die Entfaltung der

---

[1] Walter, Franz: Die SPD – Vom Proletariat zur Neuen Mitte, 2002, Alexander Fest Verlag, S. 15 f.
[2] ebd., S. 39
[3] zur genaueren Definition des Begriffes siehe Kapitel II.1.1
[4] siehe hierzu u.a. Rürup, Reinhard: Emanzipation und Antisemitismus, 1975, Vandenhoeck & Ruprecht, S. 128 ff.

Sozialdemokratie als politische Kraft[5]. Allein aus dem parallelen Auftreten dieser beiden gesellschaftlichen Bewegungen ergeben sich Fragen nach Wechselwirkungen. Doch auch inhaltlich scheint eine Untersuchung von Verbindungen erlaubt. In ihrem 1891 beschlossenen Erfurter Programm definiert die SPD eine ihrer Aufgaben darin, dass sie: „[...] in der heutigen Gesellschaft nicht bloß Unterdrückung der Lohnarbeit, sondern jede Art der Ausbeutung und Unterdrückung, richte sie sich gegen eine Klasse, eine Partei, ein Geschlecht oder eine Rasse (bekämpft)."[6] Damit hat sich die Sozialdemokratie per definitionem gegen die Bestrebungen der antisemitischen Parteien gestellt – deren Ziel unter anderem in der Beseitigung der Gleichstellung von Juden bestand. Damit wäre der Kampf gegen den Antisemitismus eine der Aufgaben der Sozialdemokratie.

Ausgehend von diesen beiden Überlegungen will diese Untersuchung daher untersuchen, wie sich das Verhältnis zwischen Sozialdemokratie und Antisemitismus gestaltet hat. Dazu sollen Positionen der sozialdemokratischen Partei zu den unterschiedlichen Formen des Antisemitismus dargestellt werden. Grundlage für diese Darstellung sind öffentliche Stellungnahmen von Parteimitgliedern, Debatten und Äußerungen über Antisemitismus in Publikationen und auf Parteitagen sowie beschlossene Programme oder Resolutionen. Natürlich beinhaltet eine solche Untersuchung auch einen Überblick über die Entwicklung des Antisemitismus während der Zeit des Kaiserreiches.

Ein Schwerpunkt soll die theoretische Debatte zum Antisemitismus innerhalb der SPD sein. Hier sind vor allem die Analyse des Phänomens und eventuell entwickelte Gegenstrategien herauszuarbeiten. Ein zweiter Teil soll sich besonders mit der praktischen Auseinandersetzung mit Antisemiten im Reichstag und in der Agitation befassen. Der Untersuchungszeitraum der vorliegenden Studie ist die Zeit von 1890 bis 1914, zwei für den Untersuchungsgegenstand bedeutende Grenzen. Bis zum 30. September 1890 galt das so genannte Sozialistengesetz, welches auf Initiative von Otto von Bismarck 1878 beschlossen, dann aber nicht noch mal verlängert wurde[7]. Nach Aufhebung dieses Gesetzes konnte die Sozialdemokratie sich wieder legal in Deutschland organisieren. Das Jahr 1914 – das Jahr, in welchem der Erste Weltkrieg begann – soll als markante historische Zäsur der Endpunkt der Untersuchung sein.

---

[5]   siehe hierzu u.a. Freyberg, Jutta von; und andere: Geschichte der deutschen Sozialdemokratie – Von 1863 bis zur Gegenwart, ³1989, Pahl-Rugenstein Verlag, S. 10 ff.

[6]   Bundessekretariat der Jungsozialisten (Hrsg.): Programme der deutschen Sozialdemokratie, 1963, Dietz-Verlag, S. 79

[7]   Deutscher Bundestag (Hrsg.): Fragen an die deutsche Geschichte, ⁵1980, S. 235

Aufgrund der Quellenlage kann die Untersuchung keinen Anspruch auf eine umfassende Darstellung der Positionen der Sozialdemokratie zum Antisemitismus erheben. Allerdings kann aufgrund von zentralen Publikationen und Meinungsäußerungen von bedeutenden Sozialdemokraten ein annäherndes Bild gezeichnet werden.

In der innerparteilichen Debatte zum Antisemitismus spielten auch andere zentralen Themen eine Rolle, die eng mit dem Thema der Untersuchung verbunden sind. So wird es nicht ausbleiben können, auch Positionen der Sozialdemokratie zur „Judenfrage", zum Zionismus oder zur Frage der Emanzipation und Assimilation zu streifen. Diese Untersuchung kann sich allerdings diesen umfangreichen Themen nicht umfassend oder gar abschließend widmen.

In der vorliegenden Studie können Pauschalbegriffe wie „die Juden" oder „das Judentum" nicht immer vermieden werden, auch wenn eine solche Verwendung von pauschalen Bezeichnungen dem vielfältigen Erscheinungsbild des deutschen Judentums im Kaiserreich nicht gerecht wird. Es würde allerdings den Rahmen der Studie sprengen, wenn zunächst das deutsche Judentum in seiner Mannigfaltigkeit dargestellt werden würde[8] oder Überlegungen angestellt würden, wer als Jude zu betrachten ist bzw. wer sich selbst als Jude betrachtet hat. So weit es möglich ist, werden jedoch Pauschalbegriffe vermieden.

Das Verhältnis von Sozialdemokratie und Antisemitismus ist ein nicht erschöpfend, aber doch gut untersuchter Gegenstand der Forschung. Allerdings liegen zur Thematik für den Zeitraum des Kaiserreiches kaum eigenständige Werke vor. Hervorzuheben ist hierbei die umfassende Untersuchung von Rosemarie Leuschen-Seppel aus dem Jahr 1978[9]. Ein Großteil der Arbeiten beschränkt sich jedoch auf Aufsätze in thematisch breiteren Publikationen zum Thema Antisemitismus (so z.B. Pulzer[10], Rürup[11], Massing[12] oder Haury[13]) oder beleuchtet einen Teilaspekt zum Thema in einer Publikation zu einem verwandten Thema (so z.B. Silberner[14], Henke[15], Na´aman[16], Koszyk[17] oder Wistrich[18]). Bereits kurz

---

[8]   siehe hierzu ausführlich Meyer, Michael A. (Hrsg.): Deutsch-Jüdische Geschichte in der Neuzeit, Bd. 3, 1997, C. H. Beck

[9]   Leuschen-Seppel, Rosemarie: Sozialdemokratie und Antisemitismus im Kaiserreich, 1978, Verlag Neue Gesellschaft

[10]   Pulzer, Peter G. J.: Die Entstehung des politischen Antisemitismus in Deutschland und Österreich, erweiterte und überarbeitete Ausgabe, 2004, Vandenhoeck & Ruprecht

[11]   Rürup, Reinhard: Sozialismus und Antisemitismus in Deutschland vor 1914, in: Grab, Walter: Juden und jüdische Aspekte der deutschen Arbeiterbewegung, 1977

[12]   Massing, Paul W.: Vorgeschichte des politischen Antisemitismus, 1959, Europäische Verlagsanstalt

[13]   Haury, Thomas: Antisemitismus von links, 2002, Hamburger Edition

[14]   Silberner, Edmund: Sozialisten zur Judenfrage, 1962, Colloquium Verlag

nach Ende des Zweiten Weltkrieges begann bezüglich des Verhältnisses von Sozialdemokratie und Antisemitismus eine längere wissenschaftliche Debatte. Im Original bereits 1946 erschienen, analysierte Silberner die Positionen verschiedener europäischer Sozialisten zur Judenfrage. Er versucht anhand von Äußerungen und Schriften zu zeigen, dass es eine lange Tradition eines sozialistischen Antisemitismus gab[19]. Er benennt Lasalle als Judenhasser und Marx als Antisemiten und bezüglich der ablehnenden Haltung vieler Sozialisten zum Antisemitismus vermerkt er, sie hätten diese nur eingenommen, um sich gegen die Unterstellung, der Sozialismus wäre eine jüdische Verschwörung zu wehren[20]. Mit dieser deutlichen Position steht Silberner nicht nur allein, er wird auch umgehend widerlegt. So analysiert Massing eine deutliche Ablehnung des Antisemitismus in Theorie und Praxis durch die Sozialdemokraten, auch wenn er der SPD eine gleichgültige bis feindliche Haltung gegenüber Bestrebungen zum Erhalt der jüdischen Kultur und Tradition attestieren muss[21]. Pulzer („Antisemiten und Sozialdemokraten stehen an den entgegengesetzten Polen der politischen Welt."[22]) und Rürup schließen sich der Einschätzung von Massing an, wobei Rürup und auch Koszyk eine Immunität der ganzen Arbeiterbewegung gegenüber antisemitischem Gedankengut beschreiben. Auch später wird an der grundsätzlichen Ablehnung des Antisemitismus durch die Sozialdemokratie nicht mehr gerüttelt[23]. Aber schnell kommen im Rahmen des wissenschaftlichen Streits auch abwägende Positionen zur Kenntnis. In ihrer umfassenden Arbeit stellt Leuschen-Seppel zwar fest, dass die SPD auf der politischen Ebene immun gegenüber dem Antisemitismus war, dass sie aber in ihrer praktischen Arbeit nicht immer ihrem emanzipatorischen Anspruch folgen konnte[24]. Vor allem wirft Leuschen-Seppel der Sozialdemokratie ein Versagen in der Bildungsarbeit vor[25] und stellt fest, dass die Stellungnahmen der SPD zum Antisemitismus immer von den

15   Henke, Hans-Gerd: Der „Jude" als Kollektivsymbol in der deutschen Sozialdemokratie 1890 – 1914, 1994, Decaton Verlag

16   Na´aman, Shlomo: Die Judenfrage als Frage des Antisemitismus und des jüdischen Nationalismus in der klassischen Sozialdemokratie, in: Heid, Ludger/ Paucker, Arnold (Hrsg.): Juden und deutsche Arbeiterbewegung bis 1933, 1992, Leo Beack Institut

17   Koszyk, Kurt: Sozialdemokratie und Antisemitismus zur Zeit der Dreyfus-Affäre, in: Heid, Ludger/ Paucker, Arnold [wie Anm. 16]

18   Wistrich, Robert S.: Karl Marx, German Socialists and the Jewish Question 1880 – 1914, in: *Soviet Jewish Affairs* 3.1, 1973, S. 92 – 97

19   Silberner, Edmund: Sozialisten [wie Anm. 14], S. 290 f.

20   ebd., S. 293

21   Massing, Paul W.: Vorgeschichte [wie Anm. 12], S. 159

22   Pulzer, Peter G. J.: Die Entstehung [wie Anm. 10], S. 271

23   siehe hierzu u.a. Haury, Thomas: Antisemitismus [wie Anm. 13], S. 193 und Keßler, Mario: Antisemitismus, Zionismus und Sozialismus, ²1994, Decaton Verlag, S. 22

24   Leuschen-Seppel, Rosemarie: Sozialdemokratie [wie Anm. 9], S. 284 f.

25   ebd., S. 278

Umständen geprägt waren, auch wenn es dabei eine grundlegende Haltung gab[26]. Zu dieser Einschätzung kommen auch Henke und Haury, wobei letzterer sogar die These aufstellt, die SPD hätte den Antisemitismus nur bekämpft, wenn er durch politische Erscheinungsformen Anlass geliefert hat[27]. Einen weiteren kritischen Aspekt beleuchtet Wistrich, der in der ablehnenden Haltung der Sozialdemokraten gegenüber dem Judentum bzw. der jüdischen Tradition eine Unterstützung von antisemitischen Ressentiments vermutet[28]. Wie ambivalent das Verhältnis von Sozialdemokratie und Antisemitismus zu sein scheint, verdeutlicht auch noch mal die Einschätzung von Eva Lauer, die in ihrer Magisterarbeit zu dem Urteil kommt, dass es bis 1914 zwar kein Anzeichen für Antisemitismus innerhalb der SPD gab, aber sehr wohl eine Differenz zwischen Theorie und Praxis bezogen auf dieses Thema zu vermerken sei[29].

In der Geschichtswissenschaft der DDR wurde das Thema Antisemitismus in erster Linie unter dem Aspekt des Klassenkampfes bearbeitet. Das Verhältnis von Arbeiterbewegung oder Sozialdemokratie zur „Judenfrage" oder zum Antisemitismus wurde kaum beleuchtet[30]. Zu erwähnen sei hier neben Henry Görschler[31] vor allem Walter Mohrmann, der allerdings – ganz im Tenor der Zeit – die Geschichte der Arbeiterbewegung als die „[...] Geschichte des konsequentesten und erfolgreichsten Kampfes gegen den Antisemitismus [...]"[32] bezeichnet. Er hebt besonders die Errungenschaften Mehrings hervor und skizziert den „heroischen Kampf der Arbeiter trotz feindlicher Propaganda"[33], verteidigt aber vor allem Marx gegen Angriffe Silberners, den er der antikommunistischen Verleumdung bezichtigt.

Der Forschungsstand bietet einen guten Überblick über das Verhältnis von Sozialdemokratie und Antisemitismus im Kaiserreich. Durchaus interessant zu beleuchten sind die unterschiedlichen Analysen des Verhältnisses, die aufgrund ihrer Entstehungszeit vorwiegend in den Jahrzehnten direkt nach Ende des Zweiten Weltkrieges, sicherlich auch ideologisch

---

[26] ebd., S. 69
[27] Haury, Thomas: Antisemitismus [wie Anm. 13], S. 191
[28] Wistrich, Robert S.: Karl Marx, German [wie Anm. 18], S. 96 f.
[29] Lauer, Eva: Die Position der Sozialdemokratie zum Antisemitismus im deutschen Kaiserreich 1871 – 1914, Magisterarbeit an der Universität Saarbrücken, 1988, S. 110
[30] vgl. Rürup, Reinhard: Emanzipation [wie Anm. 4], S. 150 f.
[31] Görschler, Henry: Die revolutionäre Arbeiterbewegung und ihr Verhältnis zum Antisemitismus, in: Wissenschaftliche Reihe der Karl-Marx-Universität Leipzig, Gesellschafts- und sprachwissenschaftliche Reihe, 1965, Nr. 3, S. 539 - 551
[32] Mohrmann, Walter: Antisemitismus – Ideologie und Geschichte im Kaiserreich und in der Weimarer Republik, 1972, VEB Deutscher Verlag, S. 63
[33] ebd., S. 67

geprägt sind. Aber gerade diese unterschiedliche Herangehensweise sowie ein differenziert benutzter Antisemitismus-Begriff scheint das Resultat erheblich zu beeinflussen. Allerdings fehlt eine genaue Untersuchung des parlamentarischen Agierens der SPD im Reichstag. Daher wird diese Studie versuchen, das Verhalten von sozialdemokratischen Abgeordneten in Bezug auf antisemitische Anträge oder Reden zu beleuchten. Außerdem bietet die Durchsicht der „Mitteilungen aus dem Verein zur Abwehr des Antisemitismus" vielleicht eine weitere, bisher wenig erschlossene Quelle, um das Verhalten von Sozialdemokraten zu untersuchen. Es bleibt abzuwarten, ob diese Untersuchung zu einem ähnlich eindeutigen Ergebnis kommt wie Silberner („sozialistischer Antisemitismus") einerseits oder Rürup („Immunität der sozialistisch organisierten Arbeiterschaft gegen dem Antisemitismus") andererseits oder ob eine differenzierte Analyse dem Verhältnis eher gerecht wird.

II Hauptteil

1 Antisemitismus im Kaiserreich – ein Überblick

1.1 Der Antisemitismus-Begriff

Es kann und soll an dieser Stelle weder eine erschöpfende Diskussion des Begriffes Antisemitismus in all seinen Facetten geleistet noch in der gesamten Breite die Entwicklung des Antisemitismus dargestellt werden[34]. Aber für eine Analyse des Verhältnisses von Sozialdemokratie und Antisemitismus ist es nötig, die Begrifflichkeit zu erläutern und klar zu machen, was unter Antisemitismus im Rahmen dieser Untersuchung verstanden wird. Auch lässt es sich nicht vermeiden, sowohl für eine Begriffsklärung als auch für eine überblickende Darstellung des Antisemitismus im Kaiserreich über den für den Kernteil der Untersuchung gewählten Zeitraum hinauszugehen.

Das Wort „Antisemitismus" ist eine Neuschöpfung aus der zweiten Hälfte des 19. Jahrhunderts (siehe Einleitung). Während es Judenfeindschaft seit der Antike gab und zunächst religiös, seit dem Mittelalter in Verbindung mit einer ständisch-ökonomischen Komponente auftrat, bezeichnet jetzt der Antisemitismus eine grundsätzlich neue Form der Judenfeindschaft. Wie sehr man diese beiden Begriffe trennen muss, betont Hannah Arendt: „Antisemitismus und Judenhaß sind nicht dasselbe. Judenhaß hat es immer gegeben, Antisemitismus ist in seiner politischen wie ideologischen Bedeutung eine Erscheinung des letzten Jahrhunderts."[35] Damit charakterisiert Arendt bereits zwei neue Elemente. Doch auch der Begriff selbst steht für eine Neuerung: aufbauend auf den in der Sprachwissenschaft und Völkerkunde seit längerem gebräuchlichen Begriff „Semiten" sollte durch den Begriff „Antisemitismus" eine Wissenschaftlichkeit verdeutlicht werden[36]. Im Gegensatz zu den eher emotionalen Bezeichnungen „Judenhass" oder „Judenfeindschaft" sollte hiermit – zumal in dieser wissenschaftseuphorischen Epoche – der Eindruck einer reflektierten und theoretisch begründeten „Wissenschaft" entstehen. Dennoch mangelt es dem Antisemitismus nicht an Emotionalität, er ist – wie Sartre sagt – „[...] gleichzeitig eine Leidenschaft und eine Weltanschauung [...]"[37].

---

[34] hierzu vor allem Brakelmann, Günter/ Rosowski, Martin (Hrsg.): Antisemitismus. Von religiöser Judenfeindschaft zur Rassenideologie, 1989; Ginzel, Günther B. (Hrsg.): Antisemitismus. Erscheinungsformen der Judenfeindschaft gestern und heute, 1991; Poliakov, Léon: Geschichte des Antisemitismus in 8 Bänden, 1979 – 1988; Bergmann, Werner: Geschichte des Antisemitismus, 2002; Benz, Wolfgang/ Bergmann, Werner (Hrsg.): Vorurteil und Völkermord – Entwicklungslinien des Antisemitismus, 1997, Bundeszentrale für politische Bildung

[35] Arendt, Hannah: Elemente und Ursprünge totalitärer Herrschaft, [12]2008, Piper Verlag, S. 83

[36] Rürup, Reinhard: Emanzipation [wie Anm. 4], S. 133

[37] Sartre, Jean-Paul: Betrachtungen zur Judenfrage, 1948, Europa Verlag, S. 14

Wie angedeutet, basierte die tradierte, Jahrhunderte alte Judenfeindschaft primär auf religiösen und ständisch-ökonomischen Motiven[38].

Diese fanden auch ihre Widerspiegelung in der Ideologie des Antisemitismus, traten jedoch in den Hintergrund. Wesentlich bedeutsamer wurden zwei neue Komponenten: der Rassegedanke und der völkische Nationalismus. Erstere Komponente beruht auf einer „Wissenschaft", die erst im 18. Jahrhundert im Zuge der Aufklärung und der Suche nach einer neuen „Ordnung der Welt" aufkam. Biologen wie Darwin definierten den Rassenbegriff, andere wie Blumenbach[39] wendeten ihn später auf den Menschen an und wieder andere stellten, so wie Gobineau[40], eine Hierarchie zwischen den menschlichen Rassen auf. In Deutschland werden die Rassentheorien begeistert übernommen und es dauerte nicht lange, da wurde aus den Juden als religiöse Gemeinschaft eine völkische Gemeinschaft. So schreibt Bruno Bauer 1850: „[...] jüdischer Sinn und jüdisches Blut sind unzertrennlich geworden, weshalb das Judentum nicht allein als Religion und Kirche, sondern als Ausdruck einer Raceneigentümlichkeit [...]" verstanden werden muss[41]. Dieses Motiv greift auch Wilhelm Marr auf, der in seiner Schrift „Der Sieg des Judentums über das Germanentum" von einer Machtergreifung des „Semitentums" warnt, falls das Germanentum nicht endlich Gegenmaßnahmen ergreife[42]. Die rassistische Komponente wird der verheerendste Bestandteil der antisemitischen Ideologie. So schreibt einer der glühendsten Antisemiten, Eugen Dühring, 1881 in seinem Werk „Die Judenfrage als Racen-, Sitten- und Culturfrage", dass das Problem des „Racejudentums" durch Taufe nicht gelöst, nur verschlimmert wird, dass der Jude eine Parasit sei, der „[...] zu den niedrigsten und misslungensten Erzeugnissen der Natur [...]" zähle[43]. Schließlich warnt der Wahldeutsche und spätere Freund Hitlers, Houston Stewart Chamberlain, in seinen 1899 erschienenen „Grundlagen des 19. Jahrhunderts" vor der Gefahr einer „[...] Infizierung der Indoeuropäer mit jüdischem Blute [...]" und betont, dass der Rassenkampf zwischen Germanen und Juden „[...] auf Leben und Tod [...]" gehe[44].

---

[38] Wistrich, Robert S.: Antisemitismus, in: Schoeps, Julius H. (Hrsg.): Neues Lexikon des Judentums, 2000, Gütersloher Verlagshaus, S. 60 f.

[39] Thieme, Frank: Rassentheorien zwischen Mythos und Tabu, 1988, S. 55

[40] Losemann, Volker: Rassenideologien und antisemitische Publizistik in Deutschland im 19. und 20. Jahrhundert, in: Klein, Thomas und andere (Hrsg.): Judentum und Antisemitismus von der Antike bis zur Gegenwart, 1984, S. 138 f.

[41] Heid, Ludger: Wir sind und wollen nur Deutsche sein – Jüdische Emanzipation und Judenfeindlichkeit 1750 – 1880, in: Braun, Christina v./ Heid, Ludger: Der ewige Judenhass, Berlin, 2000, S. 89

[42] Losemann, Volker: Rassenideologien [wie Anm. 40], S. 142

[43] Berding, Helmut: Moderner Antisemitismus in Deutschland, 1988, S.146 f.

[44] Losemann, Volker: Rassenideologie und [wie Anm. 40], S. 145

In steigendem Maße verband sich die antisemitische Ideologie auch mit dem wachsenden Nationalismus, der stark durch völkische Bestandteile geprägt war[45]. Da gerade diese Form des Nationalismus „das Volk" als ein gewachsenes, homogenes Wesen verstand, ergänzte diese Ideologie die Tendenz der rassistischen Komponente, nämlich „das Volk" vor „Andersartigkeit" und „Überfremdung" zu schützen[46]. Das Bestreben gerade der völkischen Nationalisten bestand vor allem in der Hervorhebung des deutschen Nationalbewusstseins und der Abgrenzung gegen alles „nicht-deutsche". Diese Angst vor dem „Undeutschen" brach sich auch gegenüber den Juden ihren Bann, die aufgrund ihrer nur teilweisen Assimilation als etwas Fremdartiges empfunden wurden. „Der Jude" wurde so als das Gegenbild zur Nation stilisiert und musste bekämpft werden[47].

Abgesehen von diesem von Arendt benannten ersten neuen Element, der ideologischen Bedeutung, kommt ein zweites Element, die politische Bedeutung hinzu. Erstmals organisierten sich Judenfeinde in Sammelbewegungen und politischen Parteien. Dabei griffen sie sowohl ihr Selbstverständnis im Namen auf („Antisemiten-Liga" oder „Antisemitische Volkspartei") oder beließen es bei einer verschleiernden Bezeichnung („Christlich-Soziale Arbeiterpartei" oder „Deutsche Reformpartei")[48]. Diese Politisierung der Ideologie brachte nicht nur einen enormen Organisationsgrad von Antisemiten, sie führte auch zu beachtlichen Wahlerfolgen.

Neben diesen beiden neuen Elementen – Politisierung und Ideologisierung – ist vor allem die Zielrichtung bedeutend, die den Antisemitismus vom traditionellen Judenhaß unterscheidet. Er verstand sich als Reaktion auf die Emanzipation der Juden und forderte die Rücknahme der gesetzlichen Gleichstellung[49]. Der Zweck nahezu aller antisemitischen Organisationen war es, „[...] die Juden wieder in ihre Schranken zu weisen [...]" und damit den Kampf gegen eine imaginierte „Judenherrschaft" zu führen – ein Zweck, bei dem sich Antisemiten aller Couleur einig waren[50].

Kennzeichnend für den Antisemitismus sind neben der Beliebigkeit, mit der Ressentiments „den Juden" als Eigenschaften, Absichten oder Handlungen bar jeder realen Existenz zugeordnet werden, vor allem die Verwendung von Stereotypen, die eine angebliche

---

[45] Wistrich, Robert S.: Antisemitismus, in: Schoeps, Julius H. (Hrsg.): Neues Lexikon [wie Anm. 38], S. 60

[46] siehe dazu u.a. Puschner, Uwe: Die völkische Bewegung im wilhelminischen Kaiserreich. Sprache - Rasse – Religion, Darmstadt, 2001

[47] Rürup, Reinhard: Emanzipation [wie Anm. 4], S. 135

[48] ebd., S. 136 f.

[49] Benz, Wolfgang: Was ist Antisemitismus, 2004, C. H. Beck, S. 85

[50] Rürup, Reinhard: Emanzipation [wie Anm. 4], S. 132

Pseudorealität jüdischer Existenz beschreiben[51]. Daraus ergeben sich oft Feindbildkonstruktionen und Verschwörungstheorien. Auch erkennt der Antisemitismus die „Judenfrage" als zentrales Problem, dessen Lösung Voraussetzung für die Beseitigung unerwünschter Umstände in der Gesellschaft sei. Vor diesem Hintergrund spielt besonders die These der Modernisierungskrise eine Rolle, welche den Antisemitismus auch als Ausdruck der Ablehnung einer aufkommenden modernen Industriegesellschaft und als Reaktion auf Umschichtungsprozesse begreift[52]. Transportiert werden die Stereotypen und Vorurteile sowohl durch Sprache[53] als auch durch Bilder und Gesten[54].

Bezüglich der Verwendung des Begriffes Antisemitismus gibt es innerhalb der Wissenschaft zwei unterschiedliche Ansichten. Diese werden als „enger" bzw. „weiter" Antisemitismus-Begriff verwandt. Während ersterer vor allem auf Rürup zurückgeht und unter Antisemitismus die neue Form der Judenfeindschaft ab der zweiten Hälfte des 19. Jahrhunderts – wie oben beschrieben – versteht, geht der „weite" Antisemitismus-Begriff von einem Sammelbegriff für alle Formen von Judenfeindlichkeit zu allen Zeiten und an allen Orten aus[55]. Konsequent verwendet beispielsweise Poliakov für seine Geschichte des Judenhasses seit der Antike grundsätzlich den Begriff Antisemitismus, ebenso definiert Silberner Antisemitismus ganz generell als „[...] Abneigung oder Feindseligkeit gegenüber Juden [...]"[56]. Diese parallele Existenz eines weiten und eines engen Antisemitismus-Begriffes führt zu einer Vielzahl und Unübersichtlichkeit von Definitionen und Verwendungen des Begriffes. Laut Gräfe überwiegt in der Literatur jedoch die Verwendung der engen Definition, auch wenn eine Fülle an präzisierenden Attributen (z.B. antiker, religiöser, moderner, rassistischer, latenter Antisemitismus) die Unübersichtlichkeit noch verstärkt[57].

---

[51] Benz, Wolfgang: Was ist [wie Anm. 49], S. 234
[52] ebd., S. 239
[53] siehe hierzu z.B. Hortzitz, Nicoline: Die Sprache der Judenfeindschaft, in: Schoeps, Julius, H./ Schlör, Joachim: Bilder der Judenfeindschaft, 1999, Weltbild Verlag
[54] siehe hierzu z.B. Dittmar, Peter: Die antijüdische Darstellung, in: Schoeps, Julius, H./ Schlör, Joachim: Bilder [wie Anm. 53]
[55] Gräfe, Thomas: Antisemitismus in Deutschland 1815 – 1918. Rezensionen, Forschungsüberblick, Bibliografie, 2007, Books on Demand, S. 76 f.
[56] Silberner, Edmund: Sozialisten [wie Anm. 14], S. 6
[57] Gräfe, Thomas: Antisemitismus in [wie Anm. 55], S. 77

Der Autor neigt der Ansicht zu, dass die Unterschiede zwischen dem traditionellen Judenhaß und der neuen Erscheinungsform in der zweiten Hälfte des 19. Jahrhunderts derart
bedeutend sind, dass hier eine auch begriffliche Unterscheidung vorgenommen werden
muss. Sowohl die neue ideologische Basis als auch die neuen Organisationsformen inklu-
sive parteipolitischer Strömungen zeugen von einer neuen Qualität der Judenfeindschaft.
Insofern wird Antisemitismus im Sinne dieser Untersuchung als Phänomen verstanden,
welches sich als politische oder soziale Bewegung definiert mit dem Ziel, die rechtliche
und gesellschaftliche Gleichstellung der jüdischen Bevölkerung zurückzunehmen und im
Rahmen dieses Kampfes eine Minderwertigkeit der oder ein Gefahrenpotential durch die
jüdischen Menschen behauptet.

1.2 Entwicklungen des Antisemitismus im Kaiserreich

Das Phänomen Antisemitismus hatte sich um 1880 als breite gesellschaftliche Strömung manifestiert. Sowohl die Euphorie der Reichsgründung 1871 als auch der Gründerkrach 1873 und seine Folgen lieferten den Nährboden für seine Ausbreitung. Die beginnende Organisierung – siehe oben – hatte ihren Schwerpunkt zunächst in Berlin, die so genannte „Berliner Bewegung" war eine lose Protestgruppierung, die sich gegen die jüdische Emanzipation, den Zuzug von „Ostjuden", aber auch gegen die liberale Deutsche Fortschrittspartei wandte[58]. Seit Mitte der 1870er Jahre durchzog eine wahre antisemitische Agitationswelle das Land. Zahllose Schriften, Broschüren und Flugblätter wurden gedruckt und in hoher Auflage verteilt[59]. Schnell gründeten sich auch erste Parteien, so 1878 die CSAP von Adolf Stoecker, die 1880 entstandene „Soziale Reichspartei" von Ernst Henrici oder der „Deutsche Volksverein"[60]. Die beiden letztgenannten waren jedoch lokal beschränkt und bestanden nur bis 1882. Viele antisemitische Gruppierungen waren nicht nur sehr kurzlebig, sie waren fast alle von inneren Auseinandersetzungen, Kämpfen und Spaltungen geprägt.

Stoecker jedoch hatte erheblichen Zuspruch – bei den Reichstagswahlen in Berlin konnte die in „Christlich-Soziale Partei" umbenannte Partei ihre Stimmen zwischen 1878 und 1884 von 14.000 auf 56.000 vervierfachen[61]. Ebenso muss es als Erfolg der antisemitischen Parteien gewertet werden, dass sie für eine antisemitische Petition im Jahr 1881 immerhin rund 250.000 Unterschriften gesammelt hatten[62]. Eine andere Partei, die neben Stoeckers CSP äußerst erfolgreich agierte, war die von Otto Böckel gegründete AVP. Diese trat jedoch erst Ende der 1880er Jahre, nach einer kurzen Phase der „Stille", in Erscheinung. Im Unterschied zu Stoecker war er vor allem auf dem Land aktiv und schuf sich mit dem "Mitteldeutschen Handwerkerverein" und dem „Mitteldeutschen Bauernverein" zwei Organisationen, die ihm den Rückhalt in der Wählerschaft gaben[63]. 1893 zog die AVP auf ihrem Höhepunkt mit sieben Abgeordneten in den Reichstag ein[64]. Im Gegensatz

---

[58] Düwell, Kurt: Zur Entstehung der deutschen Antisemitenparteien in Deutschland und Österreich, in: Ginzel, Günther B. (Hrsg.): Antisemitismus. Erscheinungsformen der Judenfeindschaft gestern und heute, 1991, S. 172

[59] Jochmann, Werner: Struktur und Funktion des deutschen Antisemitismus 1878 – 1914, in: Benz, Wolfgang/ Bergmann, Werner (Hrsg.): Vorurteil und Völkermord – Entwicklungslinien des Antisemitismus, 1997, Bundeszentrale für politische Bildung, S. 180

[60] Berding, Helmut: Moderner Antisemitismus [wie Anm. 43], S. 99 f.

[61] ebd., S. 90

[62] Düwell, Kurt: Zur Entstehung [wie Anm. 58], S. 173

[63] Berding, Helmut: Moderner Antisemitismus [wie Anm. 43], S. 106

[64] ebd., S.107

zu Stoecker, der eine eher konservative Variante des Antisemitismus vertrat[65], waren Böckel und später auch Herrmann Ahlwardt Vertreter eines stark durch völkische und rassistische Bestandteile geprägten Antisemitismus[66]. Auch in der Art des Auftretens unterschieden sich diese beiden Versionen. Damit gibt es nicht nur ein zeitlich unterscheidbares Auftreten von antisemitischen Strömungen, sondern auch eine inhaltliche Differenz. Diese beiden „Wellen" werden später noch von Bedeutung sein.

Insgesamt waren die 1890er Jahre für antisemitische Parteien äußert erfolgreich. So saßen 1893 summa summarum 16 antisemitische Abgeordnete im Reichstag, 1898 noch 10, 1903 elf und 1912 nur noch 7[67]. Allerdings konnte sich keine rein antisemitische Partei für längere Zeit etablieren, nach den zwei „Wellen" von Wahlerfolgen (die erste Anfang der 1880er Jahre unter Stoecker, die zweite Anfang der 1890er Jahre unter Böckel) übernahmen die konservativen Parteien deren Programm und Sprache. Konnte der politische Antisemitismus kaum die gesetzten Ziele erreichen, die er sich mit der Aufhebung der jüdischen Gleichberechtigung oder Umkehrung der jüdischen Emanzipation gesteckt hatte, so war er doch keine unwichtige Randerscheinung. Die Antisemitenparteien schafften es, die „Judenfrage" beständig in der Diskussion zu halten, es konnten sich im Umfeld der Parteien zahlreiche Vereine und sonstige Organisationen gründen und somit darf aufgrund der permanenten antijüdischen Hetze nicht die nachhaltige Wirkung in der Gesellschaft außer Acht gelassen werden. Einige dieser Organisationen, wie der VDSt, der DHV, der ADV oder der BdL (die letzten drei 1893 gegründet) verankerten den Antisemitismus breit und dauerhaft in der Gesellschaft[68]. Dennoch verlor der politische Antisemitismus ab 1895 seine Anziehungskraft, auch wenn 1907 die Antisemiten aufgrund besonderer Umstände („Hottentotten-Wahl") noch einmal mit 17 Sitzen im Reichstag vertreten waren[69]. Um die Jahrhundertwende verschwanden auch die „Pioniere" der politischen antisemitischen Bewegung aus der Öffentlichkeit (Böckel und Ahlwardt verließen 1903 den Reichstag, Marr starb 1904, Stoecker 1909)[70] und Nachwuchskräfte hatten sie kaum rekrutiert. Nicht zu unterschätzen ist hierbei auch die ab 1895 einsetzende Phase der Hochkonjunktur, welche vor allem in der chemischen und Elektro-Industrie zu einer rasanten Entwicklung

---

[65] Pulzer, Peter G. J.: Die Entstehung [wie Anm. 10], S. 134 ff.
[66] ebd., S. 150 ff.
[67] Pulzer, Peter: Die Wiederkehr des alten Hasses, in Meyer, Michael A. (Hrsg.): Deutsch-Jüdische [wie Anm. 8], S. 220
[68] ausführlich zu antisemitischen Verbänden Fricke, Dieter: Die bürgerlichen Parteien in Deutschland. Handbuch der Geschichte der bürgerlichen Parteien und anderer bürgerlicher Interessenorganisationen vom vormärz bis zum Jahre 1945, Bd. 1, 1968
[69] Massing, Paul W.: Vorgeschichte [wie Anm. 12], S. 118
[70] Pulzer, Peter: Die Wiederkehr [wie Anm. 67], S. 232

führte[71]. Schlussendlich übernahmen einige konservative Parteien programmatische Forderungen und Parolen, so dass für eine Kontinuität in der Gesellschaft und der politischen Kultur gesorgt war.

Damit verdeutlicht sich auch die Tendenz, dass der Antisemitismus zunehmend „gesellschaftsfähig" wurde. Lehnte die Mehrheit des Bildungsbürgertums den „Radauantisemitismus" wegen seiner Radikalität und vulgären Methoden ab, so war es von einer gemäßigten und „anspruchsvolleren" Variante durchaus angetan[72]. Mit der Verlagerung der Zielgruppe auf die Mittelschicht mit Intellektuellen, Angestellte, Freiberuflern breitete sich der Antisemitismus zunehmend im anspruchsvollen Schrifttum aus, wurde in literarischen und kulturellen Zirkeln diskutiert und erreichte auch seriöse Zeitungen[73]. So kommt Pulzer zu dem Schluss: „In den Jahren vor dem Ersten Weltkrieg war der Antisemitismus als Haltung, wenn auch nicht als Demagogie der Straße, enttabuisiert worden. Alldeutscher, Nationalist, Imperialist oder Gegner der Demokratie zu sein bedeutete, Antisemit zu sein."[74] Damit war der Antisemitismus ein allgemein anerkannter, kultureller Code.

---

[71] Deutscher Bundestag (Hrsg.): Fragen an [wie Anm. 7], S. 242
[72] Jochmann, Werner: Struktur und [wie Anm. 57], S, 200
[73] ebd., S. 200 f.
[74] Pulzer, Peter: Die Wiederkehr [wie Anm. 67], S. 247

2 Sozialdemokratie im Kaiserreich

Nach einem Überblick über den einen zu untersuchenden Teil dieser Untersuchung – den Antisemitismus – soll nun auch die Entwicklung der Sozialdemokratie in groben Linien gezeichnet werden. Für das Verständnis des sozialdemokratischen Agierens ab 1890 muss auch hierfür ein wenig weiter ausgeholt werden als der Zeitraum der Studie es zulassen würde.

Wie in der Einleitung gezeigt, reichen die Wurzeln der Sozialdemokratie zurück bis in die Zeit der Arbeiterbewegung Mitte des 19. Jahrhunderts. Bis zur Revolution gab es in Deutschland – im Gegensatz zu beispielsweise England – aufgrund des Koalitionsverbotes weder eine gewerkschaftliche noch eine politische Arbeiterbewegung[75]. Erste Arbeiter-Organisationen, die im Rahmen der Revolution 1848 gegründet wurden, wurden nach dem Scheitern der Revolution wieder verboten. Erst die erneute Aufhebung des Koalitionsverbotes 1861 begünstigte eine wirkliche Organisation der Arbeiter. So gründete sich 1863 in Leipzig der „Allgemeine Deutsche Arbeiterverein" unter dem Vorsitz von Ferdinand Lasalle[76]. Trotz des Todes von Lasalle im Jahr nach der Gründung und einer nur langsa-men Mitgliederentwicklung (1875 betrug die Mitgliederzahl ca. 15.000)[77] konnte der ADAV bereits Ende der 1860er Jahre Mandate im Norddeutschen Reichstag gewinnen. Ein zweiter Meilenstein in der Organisation der Sozialdemokratie war die Gründung der „So-zialdemokratischen Arbeiterpartei" 1869 in Eisenach, bei der bereits August Bebel mit-wirkte[78]. Zwar gab es zunächst heftige Auseinandersetzungen zwischen den beiden Partei-en, welche sich zusammen mit der staatlichen Repression sehr negativ auf die Organisati-onsfähigkeit niederschlug. Doch mit dem Einigungskongreß in Gotha, auf dem sich ADAV und SDAP zur „Sozialistischen Arbeiterpartei Deutschlands" zusammenschlossen, sollte diese Spaltung zunächst überwunden sein[79]. Das Wahlergebnis zu den Reichstagswahlen 1877, bei der eine erneute Steigerung auf 9,1% erreicht wurde, verdeutlicht das[80].

Mit dem 1878 verabschiedeten so genannten Sozialistengesetz (Gesetz gegen die gemein-gefährlichen Bestrebungen der Sozialdemokratie), welches Bismarck maßgeblich mitiniti-

---

[75] Potthoff, Heinrich/ Miller, Susanne: Kleine Geschichte der SPD 1848 – 2002, [8]2002, S. 27 f.
[76] ebd., S. 33
[77] ebd., S. 41
[78] Freyberg, Jutta von; und andere: Geschichte der deutschen Sozialdemokratie – Von 1863 bis zur Gegenwart, [3]1989, Pahl-Rugenstein Verlag, S. 10
[79] ebd., S. 28
[80] Potthoff, Heinrich/ Miller, Susanne: Kleine Geschichte [wie Anm. 75], S. 47

iert hatte, brach eine völlig neue Phase für die Sozialdemokratie an. Zwar wurden sämtliche Organisationen, Vereine, Zeitungen mit „sozialistischen, sozialdemokratischen oder kommunistischen Bestrebungen" verboten[81] und es wurden Sozialdemokraten ihrer Heimat verwiesen und mit Gefängnisstrafen belegt. Aber aufgrund des Wahlrechts konnten sehr wohl Einzelpersonen als Sozialdemokraten zu Wahlen antreten, im Reichstag agieren, öffentlich auftreten und reden, sogar der Druck und die Verbreitung ihrer Reden war erlaubt. Die Reichstagsfraktion der Sozialdemokraten war somit die einzige legale Instanz der Partei und wurde zu deren Zentrum[82].

Während der Zeit des Sozialistengesetzes sind besonders zwei Entwicklungen prägend für die spätere Sozialdemokratie. Die Fokussierung auf Wahlkämpfe diente unübersehbar der agitatorischen „Schulung" der Partei. So zeigt sich, dass sich trotz sozialpolitischer Wohltaten der Regierung Bismarck – welche durchaus darauf angelegt war, der Sozialdemokratie das Wasser abzugraben[83] – im Laufe der 1880er Jahre Wahlerfolge einstellten. Blieb der Stimmenanteil 1881 mit 6,1% noch deutlich unter dem Ergebnis von der Wahl vor dem Verbot der Partei, so lag er 1884 mit 9,7% bereits deutlich darüber. Auch 1887 erreichten die sozialdemokratischen Kandidaten nochmals eine Steigerung auf 10,1%, bevor der Wahlsieg 1890 (noch vor Aufhebung des Sozialistengesetzes) mit fast 20% die Sozialdemokratie zur stärksten Partei (aufgrund der Stimmengewichtung aber nicht zur stärksten Fraktion) machte[84].

Die zweite, ungleich bedeutsamere Entwicklung ist eine innerparteiliche. Das Parteiverbot und die massive staatliche Repression führten zu einer, vor allem theoretischen, Radikalisierung der Mitglieder. Besonders Karl Kautsky wirkte hier an einer Hinwendung zur Marx´schen Lehre. Allerdings, so bemerkt Franz Walter, ging es hierbei eher um einen „Radikalismus der Phrase". Man dürfe als marxistischer Sozialdemokrat seelenruhig auf den Zusammenbruch der Gesellschaft warten, müsse konzeptionell und strategisch nichts dafür tun[85]. Eine radikale Aktivierung der Massen, wie sie beispielsweise Rosa Luxemburg forderte, fand kaum Widerhall. Dazu diametral entgegengesetzt forderte das ausschließliche Agieren im Parlament ihren Tribut. Hier bildete sich federführend unter Eduard Bernstein zunehmend eine reformistische Praxis heraus, die eine pragmatische Annäherung

---

[81] ebd., S. 48
[82] Walter, Franz: Die SPD [wie Anm. 1], S. 23
[83] Deutscher Bundestag (Hrsg.): Fragen an [wie Anm. 7], S. 235 f.
[84] alle Ergebnisse in Osterroh, Franz/ Schuster, Dieter: Chronik der deutschen Sozialdemokratie, Bd. 1, 2005, S. 530 f.
[85] Walter, Franz: Die SPD [wie Anm. 1], S. 26

betrieb und die durch Wahlerfolge zur Macht und zum Systemsturz gelangen wollte[86]. Diese beiden Tendenzen, die bereits auf den im Ausland stattfindenden Parteitagen zu Konflikten führten, sollten den künftigen Weg der Sozialdemokraten bestimmen.

Im Mai 1890 wird das Sozialistengesetz aufgehoben und nur wenige Wochen später tagt in Halle der erste Parteitag der Sozialdemokratie seit 12 Jahren auf deutschem Boden[87]. Die Delegierten beschlossen mit dem Statut einen neuen Namen – „Sozialdemokratische Partei Deutschlands". Im folgenden Jahr wird auf dem Parteitag in Erfurt das neuen Programm beschlossen[88], welches den Marxismus als offizielle theoretische Grundlage der deutschen Sozialdemokratie definiert und damit die Kritik von Marx selbst am Gothaer Programm aufgreift[89]. Es sollte bis 1921 Bestand haben. Die 1890er Jahre sind wahre Aufschwung-jahre für die Sozialdemokratie. Eine große Rolle hierbei spielen die Gewerkschaften, die sich 1892 zu einer einheitlichen sozialistischen Gewerkschaftsbewegung zusammenschlos-sen. Mit anfänglich rund 300.000 Mitgliedern kann diese SPD-nahe Gewerkschaft ihre Mitgliederzahl bis 1910 auf über 2 Millionen steigern[90]. Weitere erfolgreiche Organisatio-nen waren die Arbeiterbildungsausschüsse, Sängervereine sowie die Frauenbewegung. Auch die sozialdemokratischen Publikationen, die für die Verbreitung der Inhalte unab-dingbar waren, nahmen erheblich zu. So stieg die Auflage des „Vorwärts" von 25.000 im Jahr 1891 auf 52.000 im Jahr 1897[91]. Bei den Reichstagswahlen folgte ein Sieg nach dem anderen: 1893 23,3%, 1898 27,2%, 1903 31,7%, 1907 29,0% und 1912 34,8%[92], obwohl sie erst bei den letzten Wahlen auch stärkste Fraktion wurde. Schlussendlich kann im Jahr 1913/14 die Mitgliederzahl der SPD mit fast 1,1 Millionen angegeben werden[93].

Wie bereits die Entwicklung während des Sozialistengesetzes andeutet, durchlebt die SPD scharfe Debatten zu strategischen und inhaltlichen Fragen. Höhepunkt dieser Auseinander-setzung zwischen dem eher pragmatischen und dem eher revolutionären Flügel der Partei war der so genannte „Revisionistenstreit". Dahinter verbirgt sich vor allem die Frage nach dem Wandel der politischen Strategie, die nicht mehr auf den naturgemäßen Zusammen-bruch des Kapitalismus warten, sondern die ihre radikal-revolutionären Dogmen revidieren und zugunsten einer demokratisch-sozialistischen Reformpolitik ändern sollte. Wenngleich

---

[86]   ebd., S. 24 f.
[87]   Osterroh, Franz/ Schuster, Dieter: Chronik der deutschen Sozialdemokratie, Bd. 1, 2005, S. 67
[88]   eine genauere Untersuchung des Programms siehe Kapitel II.3.1
[89]   Potthoff, Heinrich/ Miller, Susanne: Kleine Geschichte [wie Anm. 75], S. 54
[90]   Fülberth, Georg (Hrsg.): Die Wandlung der deutschen Sozialdemokratie vom Erfurter Parteitag 1891 bis zum Ersten Weltkrieg, 1974, S. 11
[91]   ebd., S. 14
[92]   Osterroh, Franz/ Schuster, Dieter: Chronik der [wie Anm. 87], S. 531
[93]   ebd., S. 136

mehrere Parteitage den Revisionismus verurteilten, blieb dieser Streit bis zur Spaltung 1917 erhalten[94].

Obwohl die SPD eine bestens organisierte und vernetzte Partei mit einem hohen Mobilisierungsgrad war, stand dies im krassen Gegensatz zu ihrer faktischen Machtlosigkeit. Walter nennt die Sozialdemokraten einen „Koloss im Wartezustand" und diagnostiziert, dass sie weder entschlossene Revolutionäre noch entschlossene Reformisten waren[95]. Weder suchte die SPD ernsthaft nach parlamentarischen Bündnissen, noch war sie bereit, ihre Schlagkraft durch Massenstreiks revolutionär zu nutzen – und manövrierte sich damit zusehends in eine Sackgasse. Bestimmend blieb das breite Spektrum der Parteimitte, welches die praktische Reformarbeit mit dem Festhalten an einer populärmarxistischen Theorie verband. Diese Kombination aus Reformkurs und Wortradikalismus führte zu der Erwartung eines kommenden Umgestaltungsprozesses, der sich ohne direktes Zutun der Sozialdemokratie vollziehen würde und die zu einem Verlust an aktivem Gestaltungswillen führte. Potthoff kommt zu dem Schluss, dass Bebel bei seinem Tod 1913 eine Partei hinterließ, die „[...] für die künftigen Aufgaben nur unzulänglich gewappnet war."[96]

---

[94] Potthoff, Heinrich/ Miller, Susanne: Kleine Geschichte [wie Anm. 75], S. 67 ff.
[95] Walter, Franz: Die SPD [wie Anm. 1], S. 36 f.
[96] Potthoff, Heinrich/ Miller, Susanne: Kleine Geschichte [wie Anm. 75], S. 73

3 Sozialdemokratie und Antisemitismus

3.1 Theoretische Auseinandersetzungen

Die Sozialdemokratie hat sich seit dem Aufkommen der antisemitischen Bewegung mit ihr auseinandergesetzt. Aber während sie auf die „erste Welle" des Antisemitismus in den 1880er Jahren sehr einmütig, zum Teil spontan und auch scharf reagierte, bewertete sie die „zweite Welle" ab den 1890er Jahren differenzierter, teilweise auch gleichgültiger. Diese Entwicklung wird noch zu zeigen sein. Trotzdem hat die Sozialdemokratie zum Antisemitismus grundsätzlich eine relativ konstante Linie verfolgt. Eine fundierte theoretische Auseinandersetzung mit diesem neuen Phänomen erfolgt allerdings erst ab den 1890er Jahren, auch wenn sich vereinzelte Sozialdemokraten bereits vorher mit dem Thema der „Judenfrage" befasst haben. Hier haben u.a. Moses Hess, Karl Marx oder der letzte Präsident des ADAV, Wilhelm Hasenclever, theoretische Vorarbeit geleistet[97].

Besonders die Frühschrift „Zur Judenfrage" von Karl Marx wird oft als ein zentraler Text für die Entwicklung einer Position der Sozialdemokratie zur „Judenfrage" und zum Antisemitismus genannt. Wie einflussreich dieser Aufsatz war, ist in der Wissenschaft strittig, zumal dem Text herbe judenfeindliche Tendenzen unterstellt werden. Obwohl der Text „Zur Judenfrage" eine durchaus wichtige theoretische Auseinandersetzung darstellt, soll er hier nicht umfassend rezipiert werden, da er deutlich vor dem Zeitraum dieser Studie verfasst wurde. Allerdings soll kurz der Einfluss von Marx Text beleuchtet werden. Wistrich und Silberner verweisen auf den großen, v.a. antijüdischen Effekt der Schrift[98]. Silberner glaubt gar, dass „[...] Millionen ʹZur Judenfrageʹ mit dem gleichen Eifer und der gleichen Inbrunst gelesen haben wie das ʹKommunistische Manifestʹ." und weist Marx eine „[...] Schlüsselstellung (...) in der antisemitischen Tradition des modernen Sozialismus [...]" zu[99]. Dagegen sehen u.a. Massing und Leuschen-Seppel den Einfluss des Textes eher als gering an. So weist Leuschen-Seppel nach, dass der Verbreitungsgrad der Schrift aufgrund der niedrigen Auflagenzahlen äußerst gering war und selbst eine nochmalige Verbreitung durch Franz Mehring kurz nach der Jahrhundertwende schuf keinen Leserkreis, wie ihn Silberner unterstellt[100]. Auch finden sich in den späteren Grundsatzdokumenten oder –reden kaum Hinweise auf den Marxʹschen Text. Massing kommt zu dem

---

[97]   Naʹaman, Shlomo: Die Judenfrage als [wie Anm. 16], S. 44
[98]   siehe hierzu Wistrich, Robert S.: Karl Marx, German [wie Anm. 18], S. 92 und Silberner, Edmund: Sozialisten [wie Anm. 14], S. 142
[99]   Silberner, Edmund: Sozialisten [wie Anm. 14], S. 142
[100] Leuschen-Seppel, Rosemarie: Sozialdemokratie [wie Anm. 9], S. 82 ff.

Schluss, dass die SPD ihre Position auch ohne die Abhandlung von Marx bezogen hätte[101] und beide weisen die von Silberner definierte Schlüsselposition des Textes zurück. Wesentlich einflussreicher und auch theoretisch sich stärker auf den Antisemitismus beziehend waren andere Texte. Auf einige zentrale soll im Folgenden eingegangen werden. Dabei wird im Rahmen des abgegrenzten Zeitraumes chronologisch vorgegangen.

a) Brief von Engels

In einem Brief vom 19. April 1890, dessen Adressat leider unbekannt ist, der aber am 9. Mai 1890 in der Wiener sozialdemokratischen „Arbeiter-Zeitung" in Teilen abgedruckt wurde, nimmt Friedrich Engels zur Frage des Antisemitismus Stellung[102]. Dieser Brief ist aus vier Gründen bemerkenswert. Zunächst nimmt er zu einem recht frühen Zeitpunkt eine wenn nicht umfassende, so doch wegweisende Analyse des Antisemitismus vor. Damit bezog Engels auch als erster bekannter Kopf der Sozialdemokratie eindeutig und sehr energisch dagegen Stellung. Die zweite und wohl wichtigste Leistung Engels bestand in einer Definition des Phänomens. So bewertet er den Antisemitismus als „[...] das Merkzeichen einer zurückgebliebenen Kultur [...]". Aus seiner Sicht könne es daher eine solche Bewegung nur in Preußen, Österreich und Russland geben, aber keinesfalls in England oder Amerika. Für Engels macht den Antisemitismus vor allem der den Wucherern verfallene Kleinadel, das Junkertum und Kleinbürgertum aus – wo nämlich keine starke Kapitalistenklasse und keine starke Lohnarbeiterklasse existiert, nur dort sei das Kapital vorzugsweise jüdisch und nur dort gedeihe der Antisemitismus. Daher ist der Antisemitismus für Engels „[...] nichts anderes als eine Reaktion mittelalterlicher, untergehender Gesellschaftsschichten gegen die moderne Gesellschaft (...) und dient daher nur reaktionären Zwecken unter scheinbar sozialistischem Deckmantel [...]". Diese Absage an die Vermutung, der Antisemitismus könnte eine Vorstufe sozialdemokratischer Gesinnung sein, ist nicht nur sehr aufschlussreich, sondern – wie noch zu zeigen sein wird – für die spätere Positionierung der SPD zu diesem Thema bedeutend.

Und eine dritte bedeutende Leistung unternimmt Engels mit seinem Brief: Er widerspricht der absoluten Gleichsetzung von Juden und Kapital und betont die Existenz eines jüdischen Proletariats. Der Antisemitismus würde diese Sachlage verfälschen, denn diese jüdischen Arbeiter sind „[...] die am schlimmsten ausgebeuteten und die allerelendsten."

---

[101]   Massing, Paul W.: Vorgeschichte [wie Anm. 12], S. 168
[102]   Institut für Marxismus-Leninismus beim ZK der SED (Hrsg.): Karl Marx/ Friedrich Engels – Werke, Bd. 22, ³1972, S. 49 – 51, alle folgenden Zitate daraus

Aus seiner Sicht sind die Juden ein genauso klassengespaltenes Volk wie jedes andere moderne Volk auch. Er betont sogar das Engagement des jüdischen Proletariats im Arbeiterkampf.

Auch verweist Engels – und das der vierte Grund, der den Brief so bemerkenswert macht – auf die vielen Verdienste, welche jüdische Kämpfer für die Sache der Sozialdemokratie und der Arbeiterbewegung haben und nennt Marx, Lasalle, Victor Adler, Paul Singer. Sie alle seien „stockjüdischen Blutes" und Engels ist stolz auf deren Freundschaft. Fast schon euphorisch kommt er zu dem Schluss, dass „[...] wenn ich wählen müsste, dann lieber Jude als `Herr von` ...!"

So wichtig diese erste Analyse und so richtig die Einschätzung der ökonomischen Ursachen des Antisemitismus ist, so zeigt doch das Verständnis von Engels bereits hier ein grundlegendes Problem, welches die Sozialdemokratie bei der Betrachtung des Antisemitismus hat. Die Beschränkung auf die „mittelalterlichen, untergehenden Gesellschaftsschichten" als Träger der antisemitischen Bewegung verschließt den Blick für spätere Entwicklungen dieser Bewegung. Davon wird später noch die Rede sein. Trotzdem darf die Wirkung des Briefes, der in vielen Arbeiterzeitungen nachgedruckt wurde, nicht unterschätzt werden. Er formuliert öffentlich und offensiv die Gegnerschaft zum Antisemitismus zu einer selbstverständlichen Position der Sozialdemokratie und hat damit Vorbildwirkung. Haury kommt zu dem Resultat, dass der Text „[...] schon nach wenigen Wochen als allgemein bekannt (galt) – er war ungleich populärer und wirkungsvoller als Marx´ Frühschrift."[103]

b) Resolution des SPD-Parteitages 1892

Der Parteitag der SPD im November 1892 in Berlin sah laut Tagesordnung den Punkt „Antisemitismus und Sozialdemokratie" vor. Dieser wurde allerdings, auf Vorschlag Bebels, wegen Zeitmangels von der Tagesordnung genommen[104]. Die vorbereitete Resolution zu dem Thema wurde allerdings veröffentlicht. Zur eigentlichen Befassung des Parteitages kam es erst im folgenden Jahr. Da aber die Position somit bereits 1892 bekannt war, soll hier darauf gesondert eingegangen werden.

In dieser Resolution, die von Bebel selbst verfasst wurde, wird neben einer kurzen analytischen Einschätzung der Ursprünge des Antisemitismus auch eine deutliche Positionierung

---

[103] Haury, Thomas: Antisemitismus [wie Anm. 13], S. 185
[104] Protokoll über die Verhandlungen des Parteitages der SPD, 1892, Berlin, S. 248

27

der Partei formuliert[105]. Die Ursachen werden in der „[...] Missstimmung gewisser bürgerlicher Schichten, die sich durch die kapitalistische Entwicklung gedrückt finden und zum Theil durch diese Entwicklung dem wirthschaftlichen Untergang geweiht sind [...]" gesehen. Ähnlich wie Engels argumentiert Bebel hier vor allem ökonomisch, Bezug nehmend vor allem auf die Zukunftsängste möglicher Modernisierungsverlierer. Der Fehler der Antisemiten besteht laut Bebel aber nun darin, dass sie nicht das gesamte kapitalistische Wirtschaftssystem angreifen, sondern ihren Kampf gegen das richten, was sie als unbequeme Konkurrenz ansehen – das „jüdische Ausbeutertum". Dieser einseitige Kampf des Antisemitismus müsse erfolglos sein, da „[...] die Ausbeutung der Menschen durch den Menschen keine speziell jüdische, sondern eine der bürgerlichen Gesellschaft eigenthümliche Erwerbsform ist [...]". Die SPD lehnt den Antisemitismus also nicht aus grundsätzlichen moralischen oder politischen Gründen ab, sondern weil sie „[...] der entschiedenste Feind des Kapitalismus ist, einerlei ob Juden oder Christen seine Träger sind [...]". Die Sozialdemokratie will ihre Kräfte nicht durch falsche und wirkungslos werdende Kämpfe zersplittern.

Die entscheidende Einschätzung Bebels ist aber folgende: „Die Sozialdemokratie bekämpft den Antisemitismus als eine gegen die natürliche Entwicklung der Gesellschaft gerichtete Bewegung, die jedoch trotz ihres reaktionären Charakters und wider ihren Willen schließlich revolutionär wirkt, weil die von dem Antisemitismus gegen die jüdischen Kapitalisten aufgehetzten kleinbürgerlichen und kleinbäuerlichen Schichten zu der Erkenntnis kommen müssen (...) dass nur die Verwirklichung des Sozialismus sie aus ihrem Elend befreien kann." Diese Bewertung ist aus dreierlei Hinsicht bemerkenswert. Zum ersten bleibt sie hinter der Darstellung Engels zurück, der auf die Differenziertheit „der Juden" hinwies, die eindeutige Verknüpfung von Juden und Kapital negierte und klar die Bedeutung der jüdischen Arbeiter herausstellte. Bei Bebel hingegen spielen „die Juden" nur als „Ausbeuter" und als „Kapitalisten" eine Rolle. Zweitens deuten die Formulierungen des Textes an, dass trotz der klaren Ablehnung des politischen Antisemitismus das Ressentiment des jüdischen Übergewichts in der deutschen Wirtschaft akzeptiert wurde. Und drittens – und das ist die schwerwiegendste Folgerung – wird die Warnung von Engels, der Antisemitismus sei keine Vorstufe der Sozialdemokratie und die Sozialdemokraten können damit nichts zu schaffen haben, übergangen.

---

[105] Protokoll über die Verhandlungen des Parteitages der SPD, 1893, Berlin, S. 223 f., alle folgenden Zitate daraus

Laut Bebel verfängt die Hetze der Antisemiten gegen „jüdische Kapitalisten" bei den kleinbürgerlichen und kleinbäuerlichen Schichten und diese Schichten müssen dadurch quasi zwangsläufig die gesamte „Kapitalistenklasse" als Feind erkennen. Darum hat der Antisemitismus, wenn auch nur widerwillig, einen revolutionären Charakter. Bereits hier wird deutlich, dass die antisemitische Propaganda im Prinzip als willkommener Durchlauf-erhitzer für die revolutionäre, sozialistische Sache gesehen wird. Diese grundlegende strategische Ausrichtung wird in der Rede Bebels im Jahr darauf noch einmal bestärkt.

c) Rede Bebels auf dem SPD-Parteitag 1893

Die Begründung der vorgestellten Resolution durch Bebel und der Beschluss erfolgte auf dem Parteitag der SPD 1893 in Köln[106]. Diese Rede, die darauf als Broschüre gedruckt wurde, darf als die zentralste Stellungnahme der Sozialdemokratie zum Antisemitismus gelten. Sie definierte nicht nur die Position der Partei, sie diente auch einer umfassenden politischen Meinungsbildung innerhalb der Partei. Die Bedeutung von Bebels Rede ist auch wissenschaftlich allgemein anerkannt. Da die Rede (entsprechend des Protokolls) 14 Seiten umfasst, soll hier auf eine ausführliche Inhaltsangabe verzichtet werden. Die bedeu-tendsten Passagen werden jedoch wörtlich wiedergegeben und die Hauptthesen kursorisch dargestellt.

Bereits zu Beginn verdeutlicht Bebel, dass sich die Sozialdemokratie zwar immer mit neuen Erscheinungen auseinandersetzt, dass die Partei der antisemitischen Bewegung aber keine große Bedeutung beimisst. Dennoch, und das ist u.a. eines der herausragenden Charakteristika der Rede, unternimmt er eine detaillierte Analyse des Antisemitismus. Dabei geht er zunächst von der Begrifflichkeit aus. Bebel stellt fest, dass der Antisemitis-mus, wenn er die Vernichtung oder zumindest Vertreibung von Juden meint, als Juden-feindschaft mehr als 1.500 Jahre alt ist. Die neue Variante ist aus seiner Sicht insofern neu, dass sich die gegen das Judentum gerichteten feindlichen Bestrebungen in einer politischen Partei vereinigt haben. Sehr ausführlich geht Bebel auf die historischen Ursachen und die historischen Entwicklungen der Judenfeindschaft ein, wobei er auch die Rolle der Kirche berücksichtigt.

Allerdings verdeutlicht Bebel auch, dass die Verschiedenheit der Rassen, die zwischen Juden und der übrigen Bevölkerung besteht, die „natürliche" Abneigung zwischen den

---

[106] ebd., S. 224 ff. alle folgenden Zitate daraus

Menschen verschiedener Rassen bestärkt. Aus seiner Sicht wird die Grundverschiedenheit der Rassen noch verstärkt, wenn „[...] unter einem anderen Volke lebender Jude das Malheur, durch sein Äußeres aufzufallen, so dass man ihm gewissermaßen schon an der Nase ansieht, dass der Jude ist [...]"[107], so verstärke das noch die Rassenfeindseligkeit. Besonders verwunderlich ist an diesem Argument nicht nur, dass Bebel hier ein rassistisches, antisemitisches Klischee verwendet, sondern dass das Protokoll an dieser Stelle auch „Heiterkeit" verzeichnet.

Analytisch klar begründet er im Folgenden die historischen Ursachen für die exponierte Position von Juden in bestimmten Berufsfeldern. So geht er auf die judenfeindliche Gesetzgebung und die Judenverfolgungen im Mittelalter ein (und empfindet dabei sogar Hochachtung für das „Durchhaltevermögen" des „jüdischen Volkes"). Ausführlich legt er dar, welche Berufe den Juden in der Zeit untersagt waren und in welchen sie daher ausschließlich agieren konnten. Er resümiert: „So war den Juden also von Staats wegen von allen Seiten das Stigma als Verhetzte und Geächtete aufgedrückt."[108]

Schließlich führt Bebel aus, warum welche Berufsgruppen so anfällig für antisemitische Agitation sind. Hierbei geht er zunächst auf den Handel ein und stellt fest, dass die Juden als Handel treibende und kapitalkräftige Leute bei der kapitalistischen Entwicklung im Kaiserreich im Vordergrund standen. Gleichzeitig attestiert er ihnen, dass „[...] der Jude, in der Art, wie er zu handelt versteht, dem Christen meistens überlegen ist. Unzweifelhaft zeichnet das, was man Schacher nennt, einen Theil der Juden besonders aus."[109] Doch damit nicht genug, Bebel bemerkt außerdem, dass „[...] die semitische Rasse unzweifelhaft stets eine große natürliche Anlage (zum Handeln) besessen hat."[110] Somit sei klar, dass der Antisemitismus zuerst in den Handel treibenden Kreisen Boden fand und sich hier der Hass gegen den Juden als Konkurrenten richtete. So richtig Bebels historische Analyse ist, so erschreckend ist es, wie selbstverständlich er auf antisemitische und noch ältere antijüdische Stereotype verfällt. Obwohl er betont, dass die jüdischen Bürgerinnen und Bürger gerade mal 1% der deutschen Bevölkerung ausmachen, nutzt er bereitwillig das Vorurteil, dass Juden in einem Großteil der Handelszweige zum entscheidenden Faktor geworden seien und in weiten Teilen Deutschlands vollkommen den Handel mit Agrarprodukten beherrschen.

---

[107] ebd., S. 227
[108] ebd., S. 228
[109] ebd., S. 230
[110] ebd., S. 226

Auch bezogen auf die Industrie und die Bauernschaft ist es das Erscheinungsbild der Juden, welche den Antisemitismus hervorrufen. So trete der Jude als „Kapitalist en gros, als Ausbeuter" gegenüber den Handwerkern auf und „muss" natürlich auch unter seinen Konkurrenten den Antisemitismus hervorrufen. Bei den Bauern, so Bebel, würden die Begriffe „Kapitalist" und „Jude" synonym verwendet. Wenn Juden alle Produkte der Bauern kaufen, ihm Geld leihen und ihm Vieh verkaufen, dann „[...] müssen bei den Bauern antisemitische Erscheinungen zu Tage treten."[111]

Auch in der Beamtenwelt, im Feudaladel, unter den Studenten und in Offizierskreisen macht Bebel ein erhebliches Potential für antisemitische Stimmung aus. Hier begründet er es allerdings ausschließlich mit der permanenten Geldnot der vier Personenkreise, sie daher Geld leihen müssen und somit dem „Wucher" zum Opfer fallen. Auch hier durchzieht Bebels Text eine klischee-behaftete Argumentation und wenn nicht bewusst, so schwingt doch unbewusst immer der Vorwurf mit, eigentlich seien „die Juden" an dem erstarkenden Antisemitismus selbst Schuld.

Bebel geht sogar auf das Phänomen ein, dass beispielsweise in Sachsen der Antisemitismus sehr stark ist, obwohl dort kaum Juden leben und er stellt fest, dass es nicht darauf ankommt „[...] ob der Jude am Ort ist, sondern ob er sich als unangenehmer Konkurrent bemerkbar macht."[112] Auch weist er nach, dass sich die antisemitischen Parteien bei nahezu allen Strömungen inhaltlich bedienen, selbst wenn diese Teile sich mitunter widersprechen. Vor allem widerlegt Bebel die scheinbar sozialistischen Forderungen der antisemitischen Parteien.

Ganz im Sinne der Resolution prognostiziert er einen Zuwachs der antisemitischen Bewegung, je stärker sich die Mittelschichten dem Untergang entgegentreiben sehen. Aber Bebel sehnt diese Entwicklung geradezu herbei: „Wir kommen bei diesen Schichten erst an die Reihe, wenn der Antisemitismus sich bei ihnen abgewirthschaftet hat, wenn sie durch die Erfahrung, durch das Verhalten ihrer antisemitischen Vertreter im Reichstage und anderwärts erkennen, dass sie getäuscht wurden. Dann kommt die Stunde unserer Ernte, früher nicht."[113] Hier verstärkt sich nochmals der Eindruck, dass sich die Sozialdemokratie in der Hoffnung auf die Entwicklung zurücklehnt und die Antisemiten die „Arbeit" machen lässt. In diesem Sinne schließt Bebel: „Was ich Ihnen über die Wahrscheinlichkeit seiner (des Antisemitismus, Anm. Autor) weitern Ausbreitung, ja über die Nothwendigkeit

---

[111] ebd., S. 231
[112] ebd., S. 234
[113] ebd., S. 235

31

derselben gesagt habe, führt dazu, dass er schließlich wider Willen revolutionär werden muss, hier haben alsdann wir, die Sozialdemokraten, einzusetzen."[114]

Zu einer Debatte kommt es auf dem Parteitag nach der Rede nicht, sie wird auf Antrag (gegen den Willen Bebels) gestrichen. Dennoch entbrennt ein kleiner Streit darum, ob die Rede als Broschüre gedruckt werden soll. Vor allem gab es Kritik an der Umständlichkeit der Rede – sie müsse einfacher verständlich sein. Auch einige inhaltliche Aspekte wurden vereinzelt kritisiert. Letztlich beschloss der Parteitag den Druck aber mehrheitlich. Auch gab es den Antrag eines Delegierten aus Berlin, den Tagesordnungspunkt abzusetzen. Er war der Meinung, dass „[...] die Partei gar keine Veranlassung habe, sich in einem ausgesprochenen Gegensatz gerade zu der antisemitischen Partei zu setzen. Der Antisemitismus enthalte eine ganze Menge revolutionärer Elemente, und man solle sich dadurch nicht durch bestimmte Erklärungen ihm gegenüber binden, sondern sich freie Hand behalten."[115]

Neben der schon angesprochenen Würdigung der Rede muss auch noch betont werden, dass es Bebel gelang, eine einheitliche Linie innerhalb der Partei zu verankern (das letzte Zitat zeigt hier durchaus divergierende Positionen zu dem Thema). Diese geschlossene Position der Sozialdemokratie hielt sich über die Jahre. Bemerkenswert an der Rede Bebels ist ebenso die umfassende Darlegung der Ausgrenzung und der Unterdrückung der Juden im Laufe der Geschichte und die daraus resultierende spezifische Berufsstruktur. Auch versucht er zu erläutern, dass bestimmte Bevölkerungsgruppen aus Angst vor jüdischer Konkurrenz oder aufgrund Erfahrungen mit jüdischen Händlern oder Kreditgebern zu Trägern des Antisemitismus wurden. In dieser Analyse ist der Text mit Sicherheit der fortschrittlichste dieser Zeit. Dennoch verwendet Bebel in seiner Rede zahlreiche antijüdische und rassistische Stereotype und trifft damit offensichtlich den Nerv der Zuhörer. Einschränkend muss man jedoch feststellen, dass er diese Stereotype nicht im eigentlichen Sinn „antisemitisch" benutzt. Er verwendet sie weder, um das „Judenbild" in eine weltverschwörerische Theorie einzubetten oder damit eine negative gesellschaftliche Entwicklung zu erklären oder „die Juden" als kollektive Gruppe zu denunzieren. Henke vermutet, dass Bebel seine Zuhörer gewinnen wollte und bei der Gestaltung der Rede – ob bewusst oder unbewusst – in den Einflussbereich dieser judenfeindlichen Symbole geraten ist[116]. Festzustellen bleibt allerdings, dass sowohl Bebel als auch das Partei-Publikum die Vorurteile

---

[114]   ebd., S. 237
[115]   ebd., S. 104
[116]   Henke, Hans-Gerd: Der „Jude" als [wie Anm. 15], S. 76

verstanden haben, was für eine Verbreitung und Verinnerlichung innerhalb der Sozialdemokratie sprechen würde.

Mit seiner Rede prägte Bebel auch die strategische Ausrichtung der Sozialdemokratie im Kampf gegen den Antisemitismus. Diese soll aber erst später besprochen werden.

Einen letzten Aspekt lohnt es zu betrachten, der allerdings nicht mit der Rede an sich, sondern mit der Veröffentlichung der Rede zusammenhängt. In der ersten Fassung dieser im Verlag der Expedition des Vorwärts erschienenen Broschüre von 1894 gibt es einen Nachtrag mit statistischem Material. Unklar ist, ob Bebel selbst einige Aspekte seiner Rede mit dem erläuternden Anhang korrigieren wollte oder ob in der Redaktion des Verlages dieses Ansinnen aufkam, die Rede nicht kommentarlos zu drucken. In dem Anhang wird die Stellung der Juden in Wirtschaft, Handel, Grundbesitz etc. sowie eine Verbrechensstatistik dargestellt[117]. Es wird betont, dass gerade im Vergleich zu Christen in vielen Punkten ein ausgeglichenes Verhältnis bestünde und dass Juden, durchschnittlich genommen, nicht besser oder schlechter seien als Christen. Mit diesem Nachtrag sind zumindest die absoluten, stark durch judenfeindliche Stereotype geprägten Aussagen zur Position der Juden in Handel und Wirtschaft relativiert worden. In einem zweiten Nachtrag in der Broschüre von 1906 gibt es zwei wesentliche Erweiterungen. War der Antisemitismus in seiner Rede 1893 noch eine Bewegung, der man als Sozialdemokrat in Deutschland beruhigt zuschauen und später die „Früchte ernten" könne, so schreibt Bebel 13 Jahre später (auch unter dem Eindruck der Verhältnisse in Russland): „Der Antisemitismus, der nach seinem Wesen auf die niedrigsten Triebe und Instinkte einer rückständigen Gesellschaftsschicht sich stützen kann, repräsentiert die moralische Verlumpung der ihm anhängenden Schichten. Tröstlich, dass er in Deutschland nie Aussicht hat, irgendeinen maßgebenden Einfluss auf das staatliche und soziale Leben auszuüben."[118] Damit lässt sich allein an der Entwicklung seiner Rede erkennen, wie sich die Analyse des Antisemitismus innerhalb der Sozialdemokratie verändert hat. Zunächst noch als „Durchlauferhitzer" für die Sozialdemokratie verstanden, ist davon später keine Rede mehr. Der Antisemitismus gilt jetzt nur noch als verabscheuungswürdige Ideologie einer völlig rückständigen Gesellschaftsschicht. Welche Probleme sich damit ergeben, soll zusammen mit der strategischen Ausrichtung diskutiert werden.

Die zweite Erweiterung im zweiten Nachtrag zur Rede bezieht sich stärker auf das „Wesen der Juden". Hier werden angebliche Eigenschaften aufgezählt, die sehr stark auf antisemi-

---

[117] Koszyk, Kurt: Sozialdemokratie und [wie Anm. 17], S. 67 f.
[118] Bebel, August: Sozialdemokratie und Antisemitismus – Rede auf dem sozialdemokratischen Parteitag in Köln, 1906, S. 36 f.

tische Vorurteile Bezug nehmen. So hätten Juden „[...] ein vorlautes Wesen, eine Sucht zu glänzen, Prahlsucht, Eitelkeit und einen Mangel an Takt"[119]. Diese gesammelten Stereotype sind an dieser Stelle insofern merkwürdig, weil sie nicht für eine Rede als „rhetorisches" Moment nötig waren (wie man Bebel in seiner eigentlichen Rede noch zu gute halten könnte). Hier werden sie bewusst als Ergänzung des Textes formuliert – und verdeutlichen somit zumindest, dass sie akzeptierte Vorurteile waren.

d) Artikel von Bernstein in der Neuen Zeit 1893

Während der Text von Bebel vor allem die historischen Ursachen der Antisemitismus beleuchtet, wollte Bernstein mit seinem unter dem Titel „Das Schlagwort und der Antisemitismus" in der „Neuen Zeit" erschienenen Artikel vor allem begriffliche Klarheit schaffen[120]. Er konstatiert in der Bewertung zwei Begriffe – antisemitisch und philosemitisch – und findet beide Begriffe unklar. Doch genau das sieht er als Stärke des Antisemitismus, der mit seiner Unklarheit, Unbestimmtheit und Selbsttäuschung über die Natur das Übel sei. Vor allem warnt Bernstein vor dem Philosemitismus. Denn dieser kann „[...] etwas sehr Legitimes bezeichnen, lediglich die Sympathie mit den Juden (...). Es kann aber auch heißen: Liebedienerei vor dem kapitalistischen Geldjudenthum [...]"[121]. Der Begriff werde einerseits zu Recht von Sozialisten verwendet (wenn es um den Schutz des Kapitals unter dem Deckmantel von judenfreundlichen Bemerkungen gehe), andererseits sei er aber auch ein Schlagwort der Antisemiten, die ihn gegen jeden einsetzen, der nicht in ihre Forderung auf Entrechtung der Juden einstimme. Bernstein gibt daher zu bedenken, ob nicht der Begriff, wenn man ihn (gerade als jüdischer Genosse) verwendet, eine gewisse Legitimität erhalte.

Der Antisemitismus ist aus der Sicht Bernsteins nicht nur der „Sozialismus des dummen Kerls"[122], sondern auch ein „Rettungsstrick" für diejenigen privilegierten ständischen Klassen, die ihre Privilegien bedroht sehen. Hier ist der Jude vor allem Konkurrent, im Gegensatz zu den Bauern und Kleinbürgern, wo der Jude vor allem als Repräsentant angefeindet wird. Hier argumentiert Bernstein ähnlich wie Bebel. Allerdings hat Bernstein schon erkannt, sich des Vorurteils des „allgegenwärtigen Juden in der Wirtschaft" zu

---

[119] ebd., S. 34
[120] Bernstein, Eduard: Das Schlagwort und der Antisemitismus, in: Neue Zeit, 1892/93, Bd. 11, Nr. 2, S. 228 – 237
[121] ebd., S. 233
[122] der Begriff wird oft Bebel zugeordnet, hat seinen Ursprung aber sehr wahrscheinlich bei Ferdinand Kronawetter, der ihn zuerst für Wien benutzte (siehe Pulzer, Peter G. J.: Die Entstehung [wie Anm. 10], S. 280)

erwehren. So stellt er fest, dass „[...] kein Wirtschaftszweig moralisiert werde, wenn man sämtliche Juden daraus entfernen würde."[123] Für ihn ist es die Pflicht der Sozialdemokratie, „die Beseitigung der Ausbeutung in jeder Gestalt" zu erreichen und er befürchtet, dass „[...] der Antisemitismus (...) wenn er der Sozialismus des dummen Kerls ist, zugleich der Betrug am ʼdummen Kerlʼ [...]" sei[124]. Zentrale Aufgabe der SPD müsse laut Bernstein die Bildungsarbeit und die Agitation haben, denn: „Bei den Massen des Volkes wird der Antisemitismus nur da Anhang gewinnen, wo die Sozialdemokratie noch nicht Licht in die Köpfe gebracht hat [...]"[125].

Der Artikel von Bernstein ist insofern nicht nur aufgrund seines Versuchs, begriffliche Klarheit zu schaffen interessant, sondern auch, weil er klar die Aufgabe der Bildungsarbeit definiert.

e) Weitere Texte

Es sollen jetzt nicht alle weiteren bekannten Texte besprochen werden. Insgesamt ist mit den bisherigen Beispielen deutlich geworden, in welche Richtung die Analyse und die theoretische Auseinandersetzung der Sozialdemokratie mit dem Antisemitismus gehen. Vor allem in den 1890er Jahren gab es in der „Neuen Zeit" als theoretischem Organ eine Vielzahl von Artikeln zu dem Thema, die teilweise auch kontrovers diskutiert wurden. Um die Jahrhundertwende ging diese starke publizistische Auseinandersetzung deutlich zurück. Noch ein Text von Bedeutung erschien 1903 von Karl Kautsky in der „Neuen Zeit"[126]. Darin setzte er sich mit dem Antisemitismus in Russland auseinander, zieht dabei aber Rückschlüsse auf die generelle Diskussion. Er stellt zunächst fest, dass die Analyse des westlichen Antisemitismus – die hier noch die gleiche ist wie die bei Bebel – für Russland nicht zutreffend sein kann. Hier bestünde die jüdische Bevölkerung nicht aus Intellektuellen und Kapitalisten, sondern aus Handwerkern und Proletariat und Kautsky fragt: „Was konnte die Volkswut gegen diese entfesseln?"[127] Zunächst kommt er zu dem Schluss, dass Menschen, zumal wenn sie in primitiven, traditionellen Verhältnissen leben, dem Fremden leicht misstrauisch oder gar feindselig gegenüber stehen. Solange diese Fremden aber genauso schnell wieder verschwinden wie sie auftauchen, gäbe es kein Problem. Aber: „Wo dagegen der Fremde nur insofern fremd ist, dass er in Sitte, Glauben, Sprache, Kör-

---

[123] ebd., S. 236
[124] ebd., S. 237
[125] ebd., S. 234
[126] Kautsky, Karl: Das Massaker von Kischinew und die Judenfrage, in: Neue Zeit, 1902/03, Bd. 21, Nr. 2, S. 303 – 309
[127] ebd., S. 306

pergestalt von der Masse der Bevölkerung abweicht, wo er aber nicht ein vorüberziehender Ausländer ist, sondern ein Nachbar, der einem immer wieder begegnet (...) da nimmt die Feindseligkeit gegen den Fremden leicht die bösartigsten Formen an."[128] Dies ist insofern ein neuer Gedanke, als dass Kautsky hier den Antisemitismus um das psychologische Element des Fremdenhasses erweitert. Allerdings beschränkt er sich bei dieser Erkenntnis auf Russland. Als Lösung des Problems bietet er an: „Neben der Auflösung des Judentums ist das revolutionäre Denken der Volksmasse das beste Gegengift gegen den Antisemitismus."[129] Leider ist sein durchaus interessanter Ansatz nicht von der Partei oder der Parteipresse aufgegriffen worden.

Im Gegensatz zu den zahlreichen Veröffentlichungen in den 1890er Jahren erschien zwischen 1903 und 1908 lediglich ein Artikel zum Thema in der „Neuen Zeit"[130] – Philipp Scheidemanns „Wandlungen des Antisemitismus" 1906[131].

Zur Analyse hat Scheidemann nicht viel Neues beizutragen, allerdings stellt er fest, dass der Antisemitismus zu einem Anhängsel der Konservativen geworden ist. Auch sieht er es als Verdienst des Antisemitismus an, dass er „[...] es verstanden (hat), Schichten unserer Bevölkerung politisch zu interessieren, die in Bewegung zu setzen zuvor keiner anderen Partei gelungen war."[132] Leider äußert sich Scheidemann nicht zu der offensichtlichen Fehldiagnose der SPD aus den 1890er Jahren, reflektiert diese kritisch oder gesteht gar diesen Fehler ein. Er bleibt bei der Auffassung, dass die kleinbürgerlichen und kleinbäuerlichen Schichten entweder konservativ sein werden müssen oder aber „[...] den Blick nach vorne richten. Das bedeutet dann politisch denken lernen und Sozialdemokrat werden."[133] Für ihn ist die Tatsache, dass immer noch antisemitische Gruppen „vegetieren" können Ausdruck dafür, wie rückständig die kleinbürgerlichen und kleinbäuerlichen Schichten sind.

Abschließend sollen unter dem Aspekt der theoretischen Auseinandersetzung mit dem Antisemitismus noch zwei Texte besprochen werden, die sich nicht direkt mit dem Thema befassen, aber dennoch eine nicht zu unterschätzende Bedeutung haben und das Thema

---

[128]   ebd., S. 307
[129]   ebd., S. 308
[130]   Massing, Paul W.: Vorgeschichte [wie Anm. 12], S. 212
[131]   Scheidemann, Philipp: Wandlungen des Antisemitismus, in: Neue Zeit, 1905/06, Bd. 24, Nr. 2, S. 631 – 637
[132]   ebd., S. 632
[133]   ebd., S. 636

inhaltlich abrunden. Es handelt sich dabei einerseits um das 1891 beschlossene Parteiprogramm und andererseits um die Tätigkeitsberichte der Reichstagsfraktion der SPD.

Das Parteiprogramm der SPD, welches 1891 in Erfurt beschlossen wurde, enthält selbst weder einen Hinweis auf Antisemitismus noch auf einen Umgang mit „Juden" oder der „Judenfrage"[134]. Allerdings besteht das Programm lediglich aus 15 Punkten und einer Art Präambel, so dass das aus sozialdemokratischer Sicht wenig bedeutende Antisemitismus-Thema keine Berücksichtigung finden konnte. Es finden sich nur allgemeine Aussage zum Kampf für gleiche Rechte ohne Unterschied des Geschlechts und der Abstammung sowie eine Aussage zur generellen Ablehnung von Unterdrückung, unabhängig ob sie sich gegen eine Klasse, eine Partei, ein Geschlecht oder eine Rasse richtet. Programmatisch müsste damit der Kampf gegen den Antisemitismus auch ein Kampf der SPD sein. Für das Thema der Untersuchung ist dennoch ein weiterer Punkt von Belang. Im Punkt 6 des Programms heißt es: „Erklärung der Religion zur Privatsache. Abschaffung aller Aufwendungen aus öffentlichen Mitteln zu kirchlichen und religiösen Zwecken. Die kirchlichen und religiösen Gemeinschaften sind als private Vereinigungen zu betrachten, welche ihre Angelegenheiten vollkommen selbständig ordnen."[135] Damit ist die Kritik der Sozialdemokratie an Religion im Allgemeinen und Kirchen im Besonderen zum Programm erhoben. Der Staat hat sich aus allen religiösen Dingen herauszuhalten, sowohl organisatorisch als auch finanziell – im Gegenzug hat Religion nichts in staatlichen Zusammenhängen zu suchen. Das verdeutlicht eine grundsätzlich kritische, wenn nicht sogar ablehnende Haltung gegenüber der Religion.

Deutlicher als im Programm wird dies in den Erläuterungen zum Programm, welche Kautsky und Bruno Schönlank verfasst haben[136]. Hier wird betont, dass der Staat keinen Gewissenszwang ausüben darf und dass eine Staatsreligion ein Unding sei, denn: „Hinter der spanischen Wand der Staatsreligion versteckt sich der Kampf um Herrschaft und Besitz, die Absicht der wirtschaftlichen Unterdrückung."[137] Aus Sicht der Sozialdemokraten ist Religion – in Anlehnung an Marx – ein rückwärtsgewandter und verschleiernder Mechanismus. Darum muss, wer die „Entwicklungsstufe des religiösen Bewusstseins" überwunden hat, den gleichen Rechtsschutz wie ein Gläubiger genießen. Diese Auffassung erklärt auch, warum die Sozialdemokraten kein Interesse an spezifisch jüdischen Themen

---

[134] Bundessekretariat der Jungsozialisten (Hrsg.): Programme der [wie Anm. 6], S. 77 – 82
[135] ebd., S. 80
[136] Kautsky, Karl/ Schönlank, Bruno: Grundsätze und Forderungen der Sozialdemokratie – Erläuterungen zum Erfurter Programm, 1892, Berlin, S. 42 – 44
[137] ebd., S. 43

zeigte. Henke kommt zu der Meinung, dass die Haltung der Partei „[...] gegenüber den religiösen, kulturellen oder nationalen Bestrebungen der Judenheit zwischen Gleichgültigkeit und Ablehnung zusiedeln [...]"[138] sei. Im Rahmen der weiteren Entwicklung des Kapitalismus würde die Frage nach der Klassenzugehörigkeit in den Vordergrund treten und die Bedeutung der Zugehörigkeit zum Judentum abnehmen. Laut Henke ging die Sozialdemokratie davon aus, dass nur in einer sozialistischen Gesellschaft die „Judenfrage" endgültig gelöst werden könne[139]. Ähnlich schätzt Massing die Einstellung der SPD zum Judentum ein, er spricht sogar von einer teilweise feindlichen Haltung[140]. Das Judentum erscheint in diesem Zusammenhang eher als Hindernis auf dem Weg der gesellschaftlichen Entwicklung. Diese grundsätzliche Haltung zur Religion und damit auch zum Judentum spielt natürlich eine Rolle bei der Bewertung der Frage, ob und wie die Sozialdemokratie „die Juden" als religiöse Gruppe gegen die Anfeindungen der Antisemiten in Schutz nehmen soll. Auch das soll im Abschnitt zur strategischen Orientierung genauer untersucht werden.

Das zweite Papier ist der Bericht der Sozialdemokratie im Deutschen Reichstag. Für den Bericht von 1890 – 1893 gibt es ein explizites Kapitel zum Antisemitismus[141]. Hier werden zunächst – ähnlich wie Bebel in seiner Rede – historisch die Ursachen für die spezifisch jüdische Berufsstruktur dargestellt. Von der Gewichtung her anders als bei Bebel wird hier jedoch davon gesprochen, dass „[...] man ihnen den Betrieb des Landbaues und des Handwerks (verbot) und sie so dem Schacher und dem Handel in die Arme (trieb)."[142] Nach der Beschreibung der Repressalien im Mittelalter kommt auch dieser Text zu dem Ergebnis, dass die Juden nach mehr als einem Jahrtausend im Handel ihre, von natürlichen Anlagen unterstützten Fähigkeiten entwickelten. Auch wenn hier ein ähnliches Bild wie bei Bebel benutzt wird, ist doch die Tonalität eine andere. Dennoch erliegt auch dieser Text dem Klischee, dass Juden sowohl den Handel als auch das Bankwesen beherrschen. In dem entstehenden Konkurrenzkampf würden „[...] die in die Klemme kommenden Schichten unserer Gesellschaft nicht das Kapital, nicht den kapitalistischen Entwicklungsprozess als die Ursache ihrer Not erkennen, sondern den Juden [...]"[143]. Aber diese Schichten erkennen in ihrer Borniertheit aufgrund ihres Klassenstandpunktes nicht, dass, wenn – und hier

---

[138] Henke, Hans-Gerd: Der „Jude" als [wie Anm. 15], S. 71
[139] ebd.
[140] Massing, Paul W.: Vorgeschichte [wie Anm. 12], S. 159
[141] Bebel, August (Hrsg.): Die Sozialdemokratie im Deutschen Reichstag – Tätigkeitsberichte und Wahlaufrufe aus den Jahren 1871 – 1893, 1909, Berlin, S. 515 – 519
[142] ebd., S. 515
[143] ebd., S. 517

nimmt der Text schon ein späteres Argument Bebels vorweg – heute sämtliche Juden verschwinden würden, an deren Stelle sofort so genannte Christen träten. Wie bei Bebel legt der Text auch die Gründe dar, warum bestimmte Gesellschaftsgruppen besonders für Antisemitismus anfällig sind. Interessanter ist – im Vergleich zu anderen Texten – eine Akzentverschiebung hinsichtlich der Definition. So ist Antisemitismus zwar „[...] ein natürliches Produkt unserer im Niedergang begriffenen Gesellschaft, der seinen Anhang innerhalb der herrschenden Klassen gegen einen Teil dieser Klassen, den wohlhabenden Juden, besitzt. Der Antisemitismus ist daher seiner Natur nach reaktionär, insofern er die allgemeine Rechtsgleichheit der Bürger für den jüdischen Teil derselben aufheben will [...]"[144]. Hier ist aber keine Rede vom revolutionären Charakter, der im Antisemitismus schlummert. Auch geht es nicht mehr um kleinbürgerliche Schichten, die im Juden ihren Konkurrenten sehen – es wird klar von den herrschenden Klassen gesprochen. Auch erhält der Antisemitismus seinen reaktionären Charakter nicht durch eine kapitalistische Logik, sondern weil er die Emanzipation der Juden rückgängig machen will. Das sind alles, im Vergleich zur Rede Bebels, leicht veränderte Aussagen. Auch die Betonung, dass die Sozialdemokratie als Verteidigerin der allgemeinen Rechtsfreiheit eine Gegnerin des Antisemitismus ist, stellt einen neuen Aspekt in der Argumentation dar. Abschließend stellt der Text heraus, der Antisemitismus sei nur ein Aushängeschild der konservativen Parteien, hinter dem sich „[...] ihre wahre volksfeindliche Natur versteckt und durch das sie den Bauern und Handwerkern noch länger als Stimmvieh glauben einfangen zu können."[145] Hier kommt der Text jedoch wieder zur alten Bewertung zurück, denn die Geprellten Schichten müssten sich dann von den Konservativen und Antisemiten ab- und der Sozialdemokratie zuwenden. Vor allem bezogen auf die leicht differenzierte Begriffsdefinition ist dieser Aufsatz durchaus bemerkenswert für die theoretische Debatte, wenn auch er als Tätigkeitsbericht kaum ein breiteres Publikum erreicht haben dürfte.

---

[144] ebd., S. 518
[145] ebd., S. 519

3.2 Strategisches Herangehen der Sozialdemokratie

Die Sozialdemokratie hat sich natürlich nicht nur, wie im Kapitel zuvor dargelegt, theoretisch mit dem Phänomen des Antisemitismus befasst, sie hat sich ihm gegenüber auch verhalten und reagiert. Diese Entwicklung der Reaktion auf den Antisemitismus soll im Folgenden dargestellt werden.

Zunächst ist festzustellen, dass die SPD nie eine explizite Strategie oder Kampagne zur Bekämpfung des Antisemitismus entwickelt oder beschlossen hat. Als Grundlage für die Verhaltensweise eines Großteils der Partei gegen antisemitische Aktionen dienten vor allem die Einschätzungen der Parteiführung, welche sich im Prinzip aus der Analyse Bebels in seiner Parteitagsrede ableiteten.

Bereits in den 1880er Jahren hat sich die Sozialdemokratie mit dem (damals neuen) Phänomen des Antisemitismus auseinandergesetzt. Zu der Zeit – unter dem Sozialistengesetz in der Illegalität der Partei – reagierten die Genossen oft spontan, teilweise sogar tatkräftig und massiv (siehe Kapitel II.3.3). Das lässt sich vor allem mit dem Auftreten der antisemitischen Bewegung in den 1880er Jahren erklären. Diese war – zumindest politisch – dominiert von Stoeckers CSAP Deren erklärtes Ziel war es, auch unter der Arbeiterschaft um Stimmen zu werben, dafür hatte sie ein sozialreformerisches Programm entworfen und damit stellte sie eine unmittelbare Konkurrenz für sozialdemokratische Abgeordnete dar. Auch wenn sich Stoecker später von den Arbeitern abwandte und auch der Teil des Namens gestrichen wurde, so blieb die Bewegung doch eine Gefahr für die Sozialdemokratie. In ihrer Magisterarbeit schreibt Lauer dazu: „Der Instinkt zur Selbstverteidigung zwang die Partei, gezielte Abwehrmaßnahmen gegen Stoecker zu ergreifen."[146] Daher erklären sich auch viele, oft spontane, Proteste aus der Zeit, die teilweise noch bis in die beginnenden 1890er Jahre reichen. Noch auf dem Parteitag 1890 in Halle hatte ein Delegierter aus Marburg (Hessen – dort war die antisemitische Agitation besonders stark) gefordert, dass sich die Parteiführung positioniert und die Partei sich deutlich stärker bezüglich der Agitation gegen den Antisemitismus der ländlichen Bevölkerung zuwendet. Der Antrag wurde allerdings zurückgestellt[147].

Mit der zweiten „Welle" des Antisemitismus seit Beginn der 1890er Jahre änderte sich allerdings das Verhalten der SPD. Sie wurde in ihrer Reaktion auf antisemitische Vorfälle zögernder, abwartender. Diese neue „Strategie" hat ihre Ursache in der Analyse des Anti-

---

[146] Lauer, Eva: Die Position der [wie Anm. 29], S. 107
[147] Protokoll über die Verhandlungen des Parteitages der SPD, 1890, Berlin, S. 48

semitismus, welche von Bebel entscheidend formuliert wurde. Die unter Böckel und Ahlwardt entstandene antisemitische Bewegung war nicht nur stärker völkisch und rassistisch geprägt, sie schlug auch deutliche antikapitalistische Töne an. Sie wandte sich vor allem gegen „Junker" und den Landadel, gab sich antiklerikal, antikonservativ, machte sich vor allem für die Kleinbauern stark (darum wird auch häufig von agrarischen Antisemitismus gesprochen) und musste sich die Verwendung „sozialdemokratische Agitationsmethoden" vorwerfen lassen[148]. Diese neue Variante des politischen Antisemitismus brachte die Konservativen ernsthaft in Bedrängnis. Ideologisch kam diese Form des Antisemitismus den Sozialdemokraten entgegen. Daher ist Bebels Resümee, dass die Kleinbürger und Kleinbauern den Irrweg der antisemitischen Bewegung erkennen und sich dann der SPD zuwenden würden (siehe oben ausführlich). Diese Auffassung wurde zentrale Parteilinie – mit seiner (wenn auch widerwilligen) revolutionären Wirkung sei der Antisemitismus nur ein Durchlauferhitzer zur Sozialdemokratie und in seiner Anhängerschaft wurde ein Reservoir für zukünftige sozialdemokratische Wähler entdeckt. Auch Bernstein sieht dies so, wenn er in seinem Artikel „Das Schlagwort und der Antisemitismus" meint, der Antisemitismus sei „[...] das Zwischenglied, das sich zwischen den Sozialismus und die reaktionären Parteien schiebt – scheinbar als Damm gegen die Ersteren thatsächlich als Vorstufe für denselben."[149] Und besonders deutlich wird diese Haltung bei Wilhelm Liebknecht, der seine Rede auf dem Parteitag 1893 mit den Worten beendete: „Ja, die Herren Antisemiten ackern und säen und wir Sozialdemokraten werden ernten, Ihre Erfolge sind uns also keineswegs unwillkommen."[150]

Daraus ergab sich eine abwartende Haltung und eine Passivität, welche die Parteispitze gegenüber dem Antisemitismus an den Tag legte – und diese Haltung drang weit in die Partei ein. Massing spricht gar von einer „Nichteinmischungspolitik" und vermutet, dass die „[...] Hoffnung auf eine Proletarisierung der unteren Mittelschichten und auf einen baldigen Sieg des Sozialismus [...]" die Entschuldigung und Entschädigung für die empfohlene Passivität war[151]. Pulzer attestiert der Sozialdemokratie zwar einen guten Einblick in die Ursachen des Antisemitismus, bewertet deren Aussagen zur Zukunft aber als falsch. Er meint, dass in „[...] ihren dialektischen Einstellungen zum Antisemitismus sowohl die Stärken als auch die Schwächen der sozialdemokratischen Einschätzung dieser Erschei-

---

[148] Massing, Paul W.: Vorgeschichte [wie Anm. 12], S. 85
[149] Bernstein, Eduard: Das Schlagwort und [wie Anm. 120], S. 234
[150] Liebknecht, Wilhelm: Rede über den Kölner Parteitag, 1893, Köln, S. 28
[151] Massing, Paul W.: Vorgeschichte [wie Anm. 12], S. 195

nung [...]" lagen[152]. Auch Haury sieht Schwächen und Fehler in der Analyse, er verweist darauf, dass mit der vorgelegten Analyse weder der Zusammenhang zwischen Antisemitismus und Nationalismus noch seine Dynamik, Integrationskraft und Gefährlichkeit in den Blick genommen werden konnten[153]. Diese Einschätzung Bebels wirkte sich entsprechend auf die praktische Arbeit der Sozialdemokratie bezüglich des Antisemitismus aus. Sie engagierte sich vor allem in theoretischen Debatten und organisierte eine breite Bildungsarbeit für Arbeiter und Genossen. Aber ein aktives Eintreten einzelner Sozialdemokraten oder der Gesamtpartei gegen den Antisemitismus ist laut Leuschen-Seppel nicht dokumentiert[154].

Aber dieser Strategie stimmten nicht alle zu. Bereits Engels hatte sich 1890 dagegen ausgesprochen, dass die Sozialdemokratie von der antisemitischen Agitation profitiert (siehe Kapitel oben) und sieht auch den Antisemitismus nicht als Vorstufe des Sozialismus. Und auch Kautsky warnt vor der Auffassung, der Antisemitismus sei „[...] eine Vorfrucht der Sozialdemokratie."[155] Dennoch setzt sich die Auffassung Bebels durch.

Um die Jahrhundertwende verliert die Auseinandersetzung mit dem Antisemitismus innerhalb der Sozialdemokratie zunehmend an Bedeutung. Dies begründet sich einerseits vor allem mit dem Bedeutungsverlust der antisemitischen Bewegung zu der Zeit. Da die Analyse der Sozialdemokratie vor allem auf den politischen Antisemitismus abzielte und die entsprechenden Parteien nach 1900 kaum noch nennenswerte Erfolge erzielten, verlor das Thema an Bedeutung. Henke gibt eine Statistik wieder, laut der sich zwischen 1906 und 1914 lediglich 27 Artikel in der „Neuen Zeit" mit der Frage des europäischen Judentums befassten, davon allerdings die meisten mit dem Zionismus und dem osteuropäischen Judentum und nur einer zum Thema Antisemitismus[156]. Auch der „Vorwärts" widmete dem abflauenden Antisemitismus nur noch gelegentlich Artikel[157] und kommt 1914 gar zu dem Schluss: „Der Antisemitismus ist tot und abgetan."[158]. Während Kautsky in der Auseinandersetzung mit den russischen Pogromen noch einen neuen Aspekt in die theoretische Debatte einbringt, präsentiert Scheidemann die neue Einschätzung: die dem Antisemitismus anhängenden Schichten sind rückständig und nicht mehr revolutionär. Obwohl sich die These des „Durchlauferhitzers" offensichtlich als falsch erwiesen hat, wird dies in der

---

[152] Pulzer, Peter G. J.: Die Entstehung [wie Anm. 10], S. 277
[153] Haury, Thomas: Antisemitismus [wie Anm. 13], S. 191
[154] Leuschen-Seppel, Rosemarie: Sozialdemokratie [wie Anm. 9], S. 227
[155] zitiert nach ebd., S. 191
[156] Henke, Hans-Gerd: Der „Jude" als [wie Anm. 15], S. 83
[157] vgl. Leuschen-Seppel, Rosemarie: Sozialdemokratie [wie Anm. 9], S. 202 f.
[158] Vorwärts, Nr. 88, 30. März 1914

strategischen Debatte nicht kritisch reflektiert. Insgesamt ist das Interesse der Partei an dem Thema erloschen und Lauer kommt sogar zu dem Ergebnis, dass sich die Sozialdemokratie gegenüber dem Antisemitismus immer stärker passiv verhielt, je stärker sie sich in die Gesellschaft integriert hatte[159].

Einzig Bernstein warnte vor dem latenten Antisemitismus, der sich tief in die Gesellschaft integriert hatte. So schrieb er in einem Artikel in der „Neuen Zeit", dass man dem „zivilisierten Antisemitismus" noch größere Wirksamkeit beimessen müsste als dem „Radauantisemitismus"[160].

Mit der umfassenden Analyse und theoretischen Befassung des Antisemitismus seit Beginn der 1890er Jahre hat sich die Sozialdemokratie auch eine Grundlage für die Auseinandersetzung mit diesem Thema geschaffen. Für sie war der Antisemitismus eine Erscheinung der kapitalistischen Gesellschaft und die Anhänger dieser Bewegung vor allem in den dem Untergang geweihten Schichten anzutreffen. Aufgrund der sozialdemokratischen Vorstellung von der quasi natürlichen Entwicklung der Gesellschaft vom Kapitalismus hin zum Sozialismus entstand die Auffassung, dass mit dem Kapitalismus auch die Ursachen des Antisemitismus untergehen mussten. Zusätzlich könne nur im Sozialismus die Frage der Religion überwunden und somit auch die „Judenfrage" gelöst werden. Da sich außerdem die antisemitische Bewegung der 1890er Jahre zum Teil antikapitalistisch gebärdete, ergab sich für die Sozialdemokratie kein Handlungsdruck, diese Bewegung zu bekämpfen. Im Gegenteil, mit Hoffnung wurde erwartet, dass der Antisemitismus die kleinbürgerlichen und kleinbäuerlichen Schichten für die Sozialdemokratie vorbereiten würde.

Diese Einschätzung war aus zwei Gründen fatal. Einerseits versetzte sie die SPD in eine abwartende Haltung, anstatt dass die Partei aktiv gegen jedwede Erscheinung des Antisemitismus anging. Auch wenn die Sozialdemokratie in der Theorie und als Gesamtpartei den Antisemitismus ablehnte, praktisch tat sie so gut wie nichts gegen dessen Verbreitung. Zusätzlich sorgte sie durch die Verwendung von antisemitischen Stereotypen (siehe auch Kapitel II.3.3) – ob bewusst oder unbewusst – für eine weitere Streuung antisemitischer Denkmuster. Und obwohl sich – zweitens – diese Einschätzung als falsch erwies und von den antisemitisch agitierten Schichten eher die Konservativen als die Sozialdemokratie profitierten, revidierte die SPD weder entscheidend ihre theoretische Analyse noch zog sie bezüglich der Bekämpfung des Antisemitismus neue Schlüsse.

---

[159]   Lauer, Eva: Die Position der [wie Anm. 29], S. 109
[160]   zitiert nach Leuschen-Seppel, Rosemarie: Sozialdemokratie [wie Anm. 9], S. 201

Wirklich aktiv wurde sie nur, wenn antisemitische Parteien mit sozialistischen Forderungen auftraten und die SPD einen Verlust von Mitgliedern oder Wählern befürchten musste. Haury spricht daher von einer „anlassbezogenen Bekämpfung des Antisemitismus". [161] Trotzdem darf man den Einsatz der Sozialdemokratie gegen den Antisemitismus nicht rein als wahltaktisches Kalkül betrachten. Mögen auch die Schlüsse aus der Analyse falsch gewesen sein oder die Sicht auf die Wirkung des Antisemitismus („nie Aussicht auf maßgebenden Einfluss")[162] zu optimistisch, so hat sich die Partei dennoch umfassend theoretisch mit dem Antisemitismus befasst und hat ihn „aus ehrlichem Herzen" abgelehnt. Daher ist der Vermutung Silberners zu widersprechen, die SPD sei nur gegen den Antisemitismus, um der Unterstellung, der Sozialismus sei eine jüdische Verschwörung, entgegenzutreten[163]. Die Sozialdemokratie hat den Antisemitismus auch aus einem emanzipatorischen Selbstverständnis heraus bekämpft.

---

[161] Haury, Thomas: Antisemitismus [wie Anm. 13], S. 191
[162] Bebel, August: Sozialdemokratie und [wie Anm. 118], S. 36 f.
[163] siehe Silberner, Edmund: Sozialisten [wie Anm. 14], S. 293

3.3   Sozialdemokraten in der praktischen Auseinandersetzung

Wie im vorhergehenden Kapitel gezeigt, hat sich die Sozialdemokratie zwar intensiv theoretisch mit dem Antisemitismus auseinandergesetzt, praktische Aktivitäten zu seiner Bekämpfung waren seitens der Partei jedoch kaum vorhanden. Dennoch gibt es Beispiele – vor allem von unteren Parteistrukturen – für eine praktische Auseinandersetzung. Mehrfach wurde auf Parteitagen der SPD sogar eine stärkere Auseinandersetzung und bewusste Agitation vor allem in den ländlichen Regionen gefordert[164]. Diese verschiedenen Formen sollen hier dargestellt werden.

a) Versammlungen

Eine typische Form der damaligen politischen Agitation war das Abhalten von Veranstaltungen in vielen kleinen Orten. Dort traten Redner öffentlich auf und vor allem die antisemitischen Parteien nutzten diese Form gerade in den ländlichen Gebieten sehr intensiv. Da diese Veranstaltungen für jedermann zugänglich waren, nahmen Sozialdemokraten des Öfteren daran Teil, brachten sich in der Debatte ein und bezogen hier Stellung gegen die antisemitischen Referenten. Teilweise soll es sogar zu handgreiflichen Konfrontationen gekommen sein. So berichtet Rüdiger Mack, dass Sozialdemokraten in mehreren Fällen antisemitische Agitationsveranstaltungen gesprengt hätten[165]. Auch Dittmar gibt den Fall einer solchen Versammlungs-Störung exemplarisch wider: „[...] In Versammlung niedergeschrien. Großer Tumult. Wir geprügelt. Versammlung aufgelöst."[166] Pötzsch listet eine ganze Reihe von Orten auf, in denen Sozialdemokraten „[...] durch Lärmen und Tumulte den Abbruch der Versammlung (provozierten), wie etwa im März 1891 in Windecken, im Dezember 1891 in Darmstadt, im Mai 1898 in der Stadt Braunschweig oder im Februar 1902 in Langendiebach."[167]. Doch wurden solche Veranstaltungen nicht nur mit Gewalt aufgelöst, es traten einige Sozialdemokraten der Agitation auch inhaltlich entgegen. So berichtet die „Sächsische Arbeiter-Zeitung", dass bei einer antisemitischen Veranstaltung im Februar 1893 in Possendorf zwei Sozialdemokraten dem Referenten widersprochen

---

[164]   siehe u.a. Protokolle über die Verhandlungen des Parteitages der SPD, 1890/1891/1892
[165]   zitiert nach Leuschen-Seppel, Rosemarie: Sozialdemokratie [wie Anm. 9], S. 172
[166]   zitiert nach Dittmar, Gerhardt: Zur praktischen Landagitation der deutschen Sozialdemokratie unter den deutschen Kleinbauern in den 90er Jahren des 19. Jahrhundert, in: Beiträge zur Geschichte der deutschen Arbeiterbewegung, Nr. 10, 1968, S. 1097
[167]   Pötzsch, Hansjörg: Antisemitismus in der Region – Antisemitische Erscheinungsformen in Sachsen, Hessen, Hessen-Nassau und Braunschweig 1870 – 1914, Wiesbaden, 2000, S. 249 f.

haben[168]. In den „Mittheilungen aus dem Verein zur Abwehr des Antisemitismus" wird beispielsweise von einer Versammlung im März 1893 berichtet, auf der sich insgesamt 5 Personen gegen den Antisemitismus aussprachen und „[...] alle – darunter auch zwei Sozialdemokraten – traten dem Antisemitismus auch politisch als einer reaktionären Bewegung scharf entgegen."[169] Ein anderes Beispiel findet sich im März 1892 in Oranienburg, wo die Versammlung sogar durch eine Mehrheit von sozialdemokratischen Genossen dominiert wurde und der Referent kaum seine Ausführungen abhalten konnte[170]. Scheidemann berichtet in seinen Memoiren ebenfalls davon, dass er seit 1888 aktiv in solchen Versammlungen auftrat. So schreibt er: „Den Antisemiten wurde ich von Woche zu Woche unbequemer, denn sie konnten kaum noch eine Versammlung abhalten, ohne dass sie sich mit mir herumschlagen mussten."[171] Außerdem beklagt er, dass die Veranstaltungen als Reaktion auf seine Anwesenheit nicht mehr regional, sondern nur noch in dem Ort selbst bekannt gemacht wurden. Ähnlich aktiv soll die Sozialdemokratie in Westfalen und Hamburg gewesen sein, wo die SPD den Antisemiten „schärfstens zugesetzt" habe[172].

Wie erfolgreich diese Auseinandersetzung direkt in Veranstaltungen gewesen ist, darüber lässt sich nur spekulieren. Zumal in den ländlichen Regionen die Sozialdemokratie eine ohnehin schwere Lage hatte und die ländlichen Honoratioren wie auch die staatlichen Organe ein großes Interesse besaßen, die sozialdemokratische Gegen-Agitation zu unterbinden. Nichtsdestotrotz zeigen diese wenigen und zugegebenermaßen auch nicht repräsentativen Beispiele, dass an der Parteibasis die Sozialdemokraten sich durchaus aktiv und zuweilen sogar handgreiflich gegen den Antisemitismus engagiert haben.

b) Publikationen

Neben den offiziellen Parteiorganen, in denen vor allem die theoretische Debatte stattfand, veröffentlichten Landesverbände und Ortsgruppen der Sozialdemokratie etliche kleine Broschüren und Flyer. Der Bedarf an Publikationen war groß, so dass unter anderem auf dem Parteitag 1890 in Halle ein Delegierter aus Hessen forderte, dass „[...] in den ländlichen Wahlkreisen von Zeit zu Zeit, auf Kosten der Partei, ein Flugblatt erscheinen zu lassen, welches geeignet ist, die Agitation, den antisemitischen wie den anderen reaktionä-

---

[168] ebd., S. 249
[169] Mittheilungen aus dem Verein zur Abwehr des Antisemitismus, 3. Jahrgang, Nr. 11, 12. März 1893, S. 107
[170] Mittheilungen aus dem Verein zur Abwehr des Antisemitismus, 2. Jahrgang, Nr. 11, 13. März 1892, S. 94 f.
[171] Scheidemann, Philipp: Memoiren eines Sozialdemokraten, Bd. 1, Dresden, 1928, S. 64
[172] siehe Henke, Hans-Gerd: Der „Jude" als [wie Anm. 15], S. 80 und Leuschen-Seppel, Rosemarie: Sozialdemokratie [wie Anm. 9], S. 173

ren Bestrebungen gegenüber, zu fördern."[173] Vor allem auf regionaler Ebene wurde daher versucht, mit eigenen Publikationen der antisemitischen Hetze entgegenzutreten. So griff man einzelne antisemitische Broschüren heraus, rezensierte sie kritisch und legte Fehler in deren Argumentation offen. Auch wurden die Konsequenzen der antisemitischen Propaganda aufgezeigt. Teilweise betonten einzelne Broschüren sogar die geistigen und kulturellen Leistungen von Juden[174]. Auch Leuschen-Seppel betont aufgrund ihrer umfangreichen Zusammenstellung verschiedenster sozialdemokratischer Zeitungen, dass diese zum Beginn der 1890er Jahre sowohl in lokaler als auch überregionaler Berichterstattung darauf Wert legen, über die Vorgänge und Entwicklungstendenzen im antisemitischen Lager zu informieren und ihre Wahlkampfmethoden aufzudecken[175]. So tritt beispielsweise der „Vorwärts" im Oktober und Dezember 1892 jedem Versuch entgegen, den Juden die staatsbürgerlichen Rechte abzuerkennen[176] oder eine jüdische Weltverschwörung zu konstruieren[177]. Besonders hervorzuheben ist eine Broschüre des rheinischen Agitationskomitees (siehe Punkt c) dieses Kapitels) von 1892. Dieser von Kurt Falk verfasste Text unter dem Titel „Antisemitismus und Sozialdemokratie" greift in einer einfachen Sprache die antisemitischen Argumente auf und widerlegt sie in verständlichen Beispielen[178]. Erstaunlich daran ist nicht nur, dass Falk sich sehr ausführlich mit den Argumenten von z.B. Ahlwardt und verbreiteten antisemitischen Mythen auseinandersetzt und dabei vor allem auch historische Beweise heranzieht, sondern dass er die Widerlegung kombiniert mit der Darstellung sozialdemokratischer Positionen. Im Vergleich zum Theorie-Organ „Die Neue Zeit" ist diese Broschüre zwar weniger wissenschaftlich, aber dennoch in ihrer Wirksamkeit mit Sicherheit breiter[179].

Allerdings finden sich auch andere Beispiele in sozialdemokratischen Publikationen. So berichtet „ Die Neue Zeit" im Mai 1896 über einen Prozess gegen den Juden Becker. Er wird in der Zeitung als „[...] polnischer Schacherjude, dem die Anfangsgründe der deutschen Grammatik ergründliche Geheimnisse sind [...]" dargestellt und der sich „[...] märchenhafte Reichthümer zusammenscheffele, ohne eine Faser seines Gehirns oder eine Muskel seiner Gebeine anzustrengen [...]"[180]. Henke geht auf ein Flugblatt ein, in welchem

---

[173] Protokoll über die Verhandlungen des Parteitages der SPD, 1890, Berlin, S. 302
[174] Henke, Hans-Gerd: Der „Jude" als [wie Anm. 15], S. 80 f.
[175] siehe Leuschen-Seppel, Rosemarie: Sozialdemokratie [wie Anm. 9], S. 158 f.
[176] Vorwärts, Nr. 296, 17. Dezember 1892
[177] Vorwärts, Nr. 254, 29. Oktober 1892
[178] vgl. Leuschen-Seppel, Rosemarie: Sozialdemokratie [wie Anm. 9], S. 177 f.
[179] Henke, Hans-Gerd: Der „Jude" als [wie Anm. 15], S. 81
[180] Die Neue Zeit, 1885/96, Bd. 14, Nr. 2, S. 258

kommentarlos Jude und Wucher gleichgesetzt wird[181]. Auch der „Verein zur Abwehr des Antisemitismus" berichtet über einzelne antisemitische Tendenzen in sozialdemokratischen Zeitungen. So heißt es z.B. im Mai 1912: „Die sozialdemokratische Presse hat am allerwenigsten ein Recht, sich über antisemitische Pöbeleien zu beklagen. Der `Leipziger Volkszeitung´ ist dieser Gassenton gar in Fleisch und Blut übergegangen."[182] Im Dezember 1910 berichtet der „Vorwärts" über eine Versammlung des Reichstagsabgeordneten Gottschalk in seinem Wahlkreis und beschreibt dessen Vortragsstil. So schreibt die Zeitung: „Dann enthält seine Aussprache auch einen fremden, sehr angenehm klingenden Akzent: er jüdelt etwas."[183]

Neben diesen vereinzelten, kleineren und größeren antisemitischen Belegen in der sozialdemokratischen Presse findet sich ein umfangreicher Bereich, den Leuschen-Seppel intensiv untersucht hat. Es handelt sich um das Bild des „Juden" in der sozialdemokratischen Tages- und Unterhaltungspresse. Die Sozialdemokratie hatte durchaus den Anspruch, die Einflüsse der herrschenden Kultur auf die Arbeiter zurückzudrängen, aber in Bezug auf den Antisemitismus scheiterte sie daran in der auf die Unterhaltung abzielenden Publikationen[184]. Leuschen-Seppel sieht dafür drei Gründe[185]: Erstens war gerade in der sozialdemokratischen Anhängerschaft das Bedürfnis nach intellektuell weniger anspruchsvollen Lektüren wie Witzblätter und Kalender ziemlich groß. Zweitens nahm im Kaiserreich die Bedeutung der bildlichen Darstellung – vor allem der Karikaturen – und im gleichen Maß deren Einflussmöglichkeit zu. Und drittens wurde die Unterhaltungspresse neben den engagierten Parteimitgliedern von der gesamten Familie gelesen. Betrachtet man gleichzeitig die Verbreitungszahlen der eher theoretisch-inhaltlichen Publikationen mit denen der Unterhaltungspresse[186], so leuchtet ein, dass gerade die Behandlung der „Juden" im letztgenannten Bereich von entscheidender Bedeutung für Eindämmung oder Verbreitung von judenfeindlichen Klischees ist. Leuschen-Seppel kommt zu dem Ergebnis: „Sobald (es) die kulturelle Bildungsarbeit mit den Ausprägungsformen des modernen Antisemitismus zu tun hatte, war sie hilflos den Klischeevorstellungen der herrschenden Kultur über das

[181] Henke, Hans-Gerd: Der „Jude" als [wie Anm. 15], S. 82
[182] Mittheilungen aus dem Verein zur Abwehr des Antisemitismus, 22. Jahrgang, Nr. 11, 22. Mai 1912, S. 88
[183] Mittheilungen aus dem Verein zur Abwehr des Antisemitismus, 20. Jahrgang, Nr. 49, 7. Dezember 1910, S. 386
[184] Leuschen-Seppel, Rosemarie: Sozialdemokratie [wie Anm. 9], S. 274
[185] ebd., S. 275
[186] siehe hierzu Koszyk, Kurt: Die Presse der deutschen Sozialdemokratie – eine Bibliografie, 1966, Hannover, S. 161 – „Der wahre Jacob" verzeichnet als Unterhaltungspresse im Jahr 1910 eine Auflage von 286.000, der „Vorwärts" im gleichen Jahr eine Auflage von 139.000 und „Die neue Zeit" dagegen ebenfalls im Jahr 1910 eine Auflage von lediglich 9.800

'jüdische Wesen' ausgeliefert."[187] Die Unterhaltungspresse habe quasi genau das Gegenteil dessen propagiert, was die theoretischen Publikationen mit dem Widerspruch zur Unterscheidung eines „deutschen" und eines „jüdischen" Wesens versuchten. Für Leuschen-Seppel ist auch klar, dass die Konzeptionslosigkeit der SPD in kulturellen Fragen dafür verantwortlich sein dürfte, dass sich das antisemitische Stereotyp in der Unterhaltungspresse erhalten konnte[188].

c) Bildungsarbeit

Wie schon erläutert, hat die Sozialdemokratie als Gesamtpartei keinerlei Anstrengungen unternommen, sich aktiv gegen den Antisemitismus einzusetzen. Dennoch gab es Tendenzen, sich intensiver mit antisemitischen Stereotypen auseinanderzusetzen und antisemitische Argumente zu widerlegen. In diesem Sinne hat es durchaus aktive Bildungsarbeit innerhalb der SPD gegeben.

Zum einen haben sich, um die unter Punkt a) dieses Kapitels erwähnten Strategien besser inhaltlich und organisatorisch begleiten zu können, ab den frühen 1890er Jahren so genannte Agitationskomitees der Landagitation gewidmet[189]. Diese agierten relativ selbständig und sahen neben dem Stören von und inhaltlichem Widersprechen auf antisemitischen Agitationsveranstaltungen ihre Hauptaufgabe ganz grundsätzlich im Kampf gegen die antisemitische Bauernbewegung. Schwierig für die gesamte Landagitation war sicherlich, dass der direkte Kontakt mit den bäuerlichen Wählergruppen am wenigsten Bedeutung von allen Agitationsformen genoss[190]. Aber schon die Tatsache, dass man in diesen Komitees auf aktuelle Ereignisse reagierte und auf antisemitische Vorurteile einging, zeigt, dass an der Basis der Antisemitismus wesentlich bedrohlicher eingeschätzt wurde als in der Parteiführung. Insofern erhielt hier die Bildungs- und Aufklärungsarbeit eine wesentlich größere Bedeutung. So wurden beispielsweise Vorträge über den Antisemitismus abgedruckt und verbreitet (so die Rede von Wilhelm Liebknecht auf einer Veranstaltung 1893 in Leipzig). Auch die bereits erwähnten Rezensionen und kritischen Auseinandersetzungen mit antisemitischen Broschüren wurden durch diese Komitees geleistet.

Neben dieser sehr konkreten, basisorientierten Bildungsarbeit kann man vor dem Hintergrund der Aufklärung über antisemitische Argumente auch einige theoretische Texte als Bildungsarbeit verstehen. Hier haben Sozialdemokraten immer wieder versucht, die kli-

---

[187]   Leuschen-Seppel, Rosemarie: Sozialdemokratie [wie Anm. 9], S. 278
[188]   ebd.
[189]   Siehe hierzu Dittmar, Gerhardt: Zur praktischen Landagitation [wie Anm. 166], S. 1091 f.
[190]   ebd., S. 1097

scheehaften Vorstellungen „der Juden" zu relativieren und ein differenziertes Bild zu zeichnen. So hat bereits Engels auf ein jüdisches Proletariat hingewiesen. Auch kann man in der Rede Bebels den Willen erkennen, bei der Entwicklung und der gesellschaftlichen Stellung des Judentums auf die historischen und objektiven Rahmenbedingungen hinzuweisen. Wenn Liebknecht darauf hinweist, dass sich „[...] auch die 30 Millionen Mark Hypothekenschulden, die dem amerikanischen Farmerstand (...) wie ein Strick um den Hals gelegt sind, nicht in der Hand jüdischer Wucherer (sondern) in denen echt christlicher und germanischen (...) Kapitalisten [...]"[191] befinden, dann will er damit nichts anderes sagen als: „die Juden" sind genauso gut und genauso schlecht wie andere auch. Ähnliches versucht Bebel in der Druckfassung seiner Rede von 1893, wenn er mit umfangreichem Material auf die Situation der Bauern Bezug oder die Kriminalitätsstatistik zu Hilfe nimmt. Sein Ergebnis ist der hier schon zitierte Satz, dass Juden hinsichtlich ihrer moralischen Qualifikation nicht schlechter, sondern besser als die durchschnittlichen so genannten Christen seien[192]. Noch expliziter auf die „Normalität" der Juden pocht Kautsky in seiner erstmals 1914 erschienenen Schrift „Rasse und Judentum". Hier versucht er, den Juden unterstellte rassische Merkmale durch wissenschaftliche und statistische Gegenbeweise zu widerlegen. So sei ein bestimmter jüdischer Körperbau eher Ausdruck eines bestimmten Berufsmilieus und auch angebliche mentale Eigenschaften seien eher auf die Lebensgewohnheiten zurückzuführen[193]. In gleicher Weise verfährt Kautsky mit unterstellten physiognomischen Merkmalen und stellt fest, das „[...] nur 14 % der Juden eine ´jüdische´ Nase besitzen [...]" und das es daher weder eine arische noch eine semitische Rasse gäbe[194].

Insgesamt war die Sozialdemokratie vor allem darum bemüht, antisemitische Stereotype zu relativieren und die gängigsten Argumente des Antisemitismus zu widerlegen. Ohne eine Aussage über die Reichweite dieser Texte treffen zu können muss man aber zumindest konstatieren, dass dieser Anspruch an eine aufklärende Bildungsarbeit durchaus gelungen ist.

---

[191] Liebknecht, Wilhelm: Rede über [wie Anm. 150], S. 29
[192] Bebel, August: Sozialdemokratie und [wie Anm. 118], S. 34
[193] Kautsky, Karl: Rasse und Judentum, Berlin, ²1921, S. 28
[194] ebd., S. 29

3.4 Parlamentarische Auseinandersetzungen

Die Sozialdemokratie war von Beginn des Deutschen Kaiserreiches an im Reichstag vertreten, in dem Untersuchungszeitraum der Untersuchung sogar ständig mit dem besten Wahlergebnis aller Parteien. Sogar in der Zeit des Sozialistengesetzes stellte die SPD eine Fraktion im Reichstag, bei den Wahlen 1912 wurde sie dann auch stärkste Fraktion[195]. Auch der Antisemitismus war mit verschiedenen Parteien und unterschiedlicher Stärke im Reichstag präsent, etliche Legislaturperioden auch mit explizit antisemitischen Parteien (siehe Kapitel II.1.2). Daher mussten Sozialdemokratie und Antisemitismus im Parlament aufeinander treffen und es soll an dieser Stelle untersucht werden, wie sozialdemokratische Abgeordnete mit entsprechenden Anträgen, Gesetzentwürfen, Reden von antisemitischen Abgeordneten umgingen. Dazu wurden die Protokolle der Reichstagssitzungen in dem der Studie zugrunde liegenden Zeitraum nach entsprechenden Beispielen durchgesehen. Unter dem Aspekt der Auseinandersetzung der Sozialdemokratie mit den Phänomen Antisemitismus ist dieser Bereich noch nicht beleuchtet worden. Da nicht sämtliche Debatten analysiert und wiedergegeben werden können, sollen über den Untersuchungszeitraum verteilt einige markante Beispiele aufgegriffen und dargestellt werden. Um eine möglichst große Repräsentativität zu erreichen, wurden Beiträge sowohl von verschiedenen sozialdemokratischen Abgeordneten als auch zu verschiedenen Themen herausgegriffen. Dennoch kann natürlich nicht von diesen Exempeln die Haltung der Sozialdemokratie im parlamentarischen Raum insgesamt abgeleitet werden – aber die Darstellung erlaubt durchaus verallgemeinernde Rückschlüsse auf die parlamentarische Auseinandersetzung.

a) Debatte zur Wuchergesetz-Petition

An den Reichstag konnten Bürgerinnen und Bürger Eingaben, Beschwerden, Bitten – so genannte Petitionen – richten. Diese wurden im Reichstag von einer Kommission behandelt und der Bericht der Kommission dem Plenum zur Abstimmung gestellt. Mit dem Bericht über eine solche Petition befasste sich der Reichstag – ungewöhnlicherweise mit einer Debatte – im April 1891. Die Einreicher der Petition verlangten die Aufnahme des Tatbestandes „Wucher" in den Bereich des Strafprozesses und verlangten eine Verpflichtung zur Entschädigung für eine von „Wucher" geschädigten Person[196]. Die Antisemiten

---

[195] aufgrund des Wahlrechts entsprach der Stimmenanteil der Partei bei den Wahlen nicht gleichzeitig der Sitzverteilung im Parlament

[196] siehe dazu Protokoll des Reichstages, 111. Sitzung, 30. April 1891, S. 2645 – 2657 sowie Anlage Nr. 283 des entsprechenden Protokolls

nutzen diese Petition für eine umfassende Hetze gegen Juden. Daraufhin nahm der Abgeordnete Stadthagen (SPD) entsprechend ausführlich Stellung. Prinzipiell stimmt er dem Anliegen der Petition zu, den Wucher grundsätzlich stärker zu bestrafen. Allerdings wäre es aus seiner Sicht richtig, „[...] den Wucher unmöglich zu machen; dies kann nur durch Beseitigung der Ursachen des Wucherthums ermöglicht werden. Nur durch Änderung der Gesellschaftsform im sozialdemokratischen Sinn ist das zu erreichen."[197] Soweit seine grundsätzliche Position. Sehr intensiv geht er auf die Vorwürfe der Antisemiten ein, Wucher wäre ein „jüdisches Geschäft". Hier verwahrt er sich vor allem dagegen, Juden pauschal unter diesen Verdacht zu stellen und geht auf diesen Vorwurf sehr differenziert ein: „Dass es auch unter Juden leider Wucherer giebt, ist zweifellos; aber mehr als lächerlich und frivol ist die Behauptung, dass die Juden als solche Wucherer seien."[198] Später weist er den Vorwurf zurück, dass die Juden eine „[...] zum Wucher prädestinierte Klasse seien."[199] Aus Sicht Stadthagens ist es bei der Bekämpfung des „Wuchertums" völlig gleichgültig, ob sie sich gegen Juden oder Christen richtet – Wucher müsste in jeder Form mit aller Energie bekämpft werden.

Doch setzt er sich nicht nur mit den Vorwürfen gegen Juden auseinander, er greift die Antisemiten auch generell an. So spricht er ihnen den Willen und die Fähigkeit ab, den „unteren Schichten" wirklich zu helfen: „Die Antisemiten können – das weiß jeder, der ihre Ziele kennt – immer nur das Gegentheil eines Schutzes der Ausbeutung, der Bewucherung der wirthschaftlich Schwachen erreichen."[200] Stadthagen unterstellt den antisemitischen Abgeordneten sogar, mit dem Agieren gegen „jüdische Wucherer" insgeheim „nichtjüdische Wucherer" zu unterstützen. So kommt er zum dem Schluss: „Versuchen Sie, so viel Sie wollen, meine Herren Antisemiten, im Volke die Wahrheit zu verschleiern, möglich werden wird es Ihnen nicht. Das Volk wird Ihnen niemals Heeresfolge leisten, um Ihnen in der Schaffung von Gesetzen Vorschub zu leisten, die eine Bewucherung der Armen darstellt. Es muss einsehen, dass gerade Sie für Gesetze eintreten, die eine Bewucherung ermöglichen."[201] Allein aus diesem Statement lassen sich drei Dinge ablesen, die für die Auseinandersetzung mit dem Antisemitismus symptomatisch sind: Erstens eine Ablehnung von Antisemiten und ihrem Gedankengut und der Wille, diese politisch zu bekämpfen. Zweitens die Einschätzung, dass nicht „die Juden" das eigentliche Problem

---

[197] Protokoll des Reichstages, 111. Sitzung, 30. April 1891, S. 2654 D
[198] ebd., S. 2654 D f.
[199] ebd., S. 2655 A
[200] ebd., S. 2655 C
[201] ebd., S. 2656 A

sind, sondern der gesellschaftliche Gesamtzusammenhang und dass der Antisemitismus diesen Zusammenhang entweder bewusst verschleiert oder aber nicht in der Lage ist, ihn zu erkennen. Und zum Dritten ist auch bei Stadthagen die optimistische Haltung zu erkennen, dass das Volk den Schwindel der Antisemiten entdecken „muss". Hinter diesem positiven Menschenbild steckt auch das Dilemma, in welchem die Sozialdemokratie in ihrer strategischen Bewertung gefangen ist.

b) Debatte zum Gesetz über den Wucher

Zwei Jahre später diskutierte der Reichstag ein Gesetz der Reichsregierung über die Ergänzung der Bestimmungen über den Wucher[202]. Auch hier spricht für die Sozialdemokratie der Abgeordnete Stadthagen und geht, teilweise recht polemisch, auf die Äußerungen der Antisemiten ein – im speziellen Fall auf seine Vorredner Herrn Liebermann von Sonnenberg und Herrn Böckel. Hauptstreitpunkt ist vor allem der Vorwurf, dass sich die Antisemiten nur auf „jüdischen Wucher" bezogen hätten – Stadthagen versucht das anhand von Protokollen und früheren Äußerungen zu belegen. Außerdem betont er, dass der Bericht der Kommission, welche sich mit dem Gesetz befasst hat, das Anliegen der Antisemiten überhaupt nicht teilt: „In dem Kommissionsbericht ist nicht mit einem Ton davon gesprochen, dass speziell gegen jüdische Wucherer vorgegangen werden solle; es ist nicht mit einem Ton davon gesprochen, dass etwa aus jüdischen Eigenthümlichkeiten auf Wucherei zu schließen sei [...]". [203] Stadthagen geht auch auf angebliche Fakten der antisemitischen Argumente ein und widerspricht ihnen. So bezieht er sich z.B. auf eine Liste, die von Liebermann von Sonnenberg als Beweis für den „jüdischen Wucher" vorgelegt wurde: „Nun sind von Seiten der antisemitischen Parteien mehrmals angebliche Güterschlächterlisten herausgekommen, so auch die hessische Liste, und es ist hier darüber verhandelt worden: es steht kaum ein wahres Wort darin [...]"[204] So bezweifelt Stadthagen nicht nur die Richtigkeit der Quellen, er hält auch die Zusammenstellung der Liste für fragwürdig. Besonders geht er hierbei auf die Frage ein, wie ein „Jude" in der Liste identifiziert worden sei: „Denn, meine Herren, in diesen Listen geben die Herren ja an: der oder jener ist Jude, und zwar häufig lediglich nach dem Klang des Namens." [205] Stadthagen geißelt dieses Vorgehen als Absurdität und wendet das Argument sogar polemisch auf Liebermann von

---

[202] siehe dazu Protokolle des Reichstages der 28. und 29. Sitzung im Januar 1893 (erste Lesung), der 75., 76., 77. und 79. Sitzung vom April 1893 (zweite Lesung), der 84., 85. und 87. Sitzung im April 1893 (dritte Lesung) sowie die Anlage Nr. 70 und 141 dieser Protokolle
[203] Protokoll des Reichstages, 85. Sitzung, 28. April 1893, S. 2054 D f.
[204] ebd., S. 2055 A
[205] ebd., S. 2055 C

Sonnenberg selbst an: „Ob der Herr Abgeordnete Liebermann einer (ein Jude, Anm. Autor) ist oder nicht, ist mir nur negativ gleichgültig; denn ich glaube nicht, dass es irgend einer Rassengenossenschaft oder Religionsgemeinschaft angenehm sein könne, sagen zu müssen: das ist einer von den unsrigen.“[206] Auch an anderer Stelle ist er durchaus bissig, wenn er bewertet: „[...] aus antisemitischen Kreisen ist ja noch nie das geringste Vernünftige hervorgegangen [...]“[207].

Später geht Stadthagen noch ausführlicher auf die Aussagefähigkeit von Statistiken ein und entlarvt die Aussagen, Juden seien besonders kriminell und falsch. Er begründet das vor allem mit der beruflichen Struktur der jüdischen Bevölkerung und kommt zu dem Schluss: „Der Prozentsatz der jüdischen Wucherer ist genau so groß als der Prozentsatz anderer; wenn nach dem Beruf gemessen wird, sogar noch etwas kleiner.“[208] Zusätzlich bringt er Beispiele, in denen sich vor allem „nicht-jüdische Wucherer“ gegen Juden engagiert haben. So zitiert er einen bayrischen Abgeordneten, der von einer Person erzählt, die sich lauthals und mit „gottseligem Gesicht“ über „wuchernde Juden“ beschwerte und sich schließlich aber selbst als der „schlimmste Wucherer“ herausstellte. Insgesamt setzt sich Stadthagen zwar teilweise polemisch und zugespitzt, andererseits aber auch sehr detailliert und fachkundig mit den Argumenten der Antisemiten auseinander. Dabei gelingt es ihm sehr wohl, die Widersprüchlichkeit und die Fehler in der antisemitischen Propaganda aufzudecken. Seine abschließende Bewertung zeugt von einer tiefen Abscheu gegenüber den antisemitischen Abgeordneten: „Ich würde es bedauern, wenn sich irgendein anständiger Mensch findet, der nicht den Wucher in jeder Form verurtheilt, aber so weit kann ich nicht gehen, irgend eine Empfindung des Bedauerns gegenüber den Herren zu haben, die zur antisemitischen Partei gehören, denn die Herren stehen nach meiner Werthschätzung zu tief, als dass ich das Gefühl des Bedauerns ihnen gegenüber haben könnte.“[209] – an dieser Stelle verzeichnet das Protokoll des Reichstages laute „Bravo!“-Rufe bei den Sozialdemokraten.

---

[206] ebd.
[207] ebd., S. 2054 C
[208] ebd., S. 2056 C
[209] ebd., S. 2059 B

c) Debatte zum Haushaltsgesetz der Jahre 1894/95

Im gleichen Jahr wie die eben besprochene Debatte wird im November 1893 der Reichs-haushalt beraten[210]. Diese Debatten dienen oft auch der grundsätzlichen politischen Ausei-nandersetzung und so nutzte Oswald Zimmermann – Abgeordneter der antisemitischen „Deutsch-Sozialen Reform-Partei" – die Gelegenheit für eine lange antisemitische Agitati-on und präsentierte die antisemitische Bewegung als „Kulturbewegung". Darauf reagierte Wilhelm Liebknecht umgehend und entsprechend scharf: „Einmal ist der Antisemitismus keine Kulturbewegung und zweitens ist diese Bewegung, die er (Zimmermann, Anm. Autor) vertritt, nicht in den anderen Kulturländern vertreten."[211] Liebknecht bemerkt abschließend zu dieser Behauptung Zimmermanns: „Wir sind die Kulturpartei, Sie sind es nach keiner Richtung; Sie sind Vertreter der Antikultur."[212]

Sehr ausführlich geht Liebknecht auf das antisemitische Argument ein, vor allem die Juden würden den Bauern schaden und durch den „jüdischen Wucher" sei die Handwerkerschaft und die Bauernschaft in ihrer Existenz bedroht. So weist er nach, dass in England und Amerika die Bauern und der Mittelstand vor ähnlichen existenziellen Problemen stehen wie in Deutschland, dort aber nicht Juden, sondern Christen die „Wucherer" sind. Er betont, dass es grundsätzlich die Kapitalisten seien, von denen die Gefahr ausgeht – unab-hängig von ihrer Zugehörigkeit. Insofern versucht er die Vorwürfe der Antisemiten gegen die Juden zu relativieren: „Also, Sie sehen, meine Herren, das Judenthum hat mit dem Nieder- oder Untergang des Bauernstandes nicht zu thun."[213]

Neben dieser konkreten Auseinandersetzung geht auch Liebknecht grundsätzlich gegen die Antisemiten an. So sagt er nach mehreren Zwischenrufen aus der antisemitischen Fraktion: „Ihnen (zu den Antisemiten, Anm. im Protokoll) kommen wir schon auf den Pelz! Sie spielen sich als große Agitatoren für das Volk auf, hinter unserem rücken schimpfen Sie über uns, und wenn wir Ihnen entgegentreten, dann haben Sie alles anders gemeint."[214]

Genüsslich hält er den Antisemiten ihre Verluste bei einigen Wahlen vor und prophezeit: „Sie, meine Herren Antisemiten, gehen an Ihren Versprechungen zu Grunde, wie jede Partei und jede Regierung zu Grunde geht, welche dem Volk falsche Vorspiegelungen macht und Wechsel ausstellt, die sie nicht einlöst."[215] Liebknecht beschwert sich hier über

---

[210] siehe dazu Protokolle des Reichstags der 6., 7., 8. und 9. Sitzung im November 1893 sowie Anlagen Nr. 4, 7 und 33 der Protokolle
[211] Protokoll des Reichstags, 9. Sitzung, 30. November 1893, S. 180 C
[212] ebd., S. 180 D
[213] ebd., S. 181 B
[214] ebd., S. 181 C
[215] ebd., S. 181 D

den Wahlkampf der antisemitischen Parteien und wirft ihnen unlautere Methoden vor. Aus seiner Sicht können die Vorschläge der Antisemiten nicht greifen und um das zu beweisen, macht Liebknecht einen interessanten Vorschlag: „Wenn Sie mit einem ganzen Paket (...) von Programmforderungen kommen, durch die Sie die Menschheit im allgemeinen und die Bauern insbesondere retten wollen, so stimme ich für alles, damit dass sie auf die Probe gestellt werden; dann wird jeder, der heute noch verblendet ist und Ihnen nachläuft, sehr bald einsehen, dass er betrogen worden ist."[216] Hier wird die grundsätzlich Einschätzung des Antisemitismus innerhalb der Sozialdemokratie nochmals deutlich. Die Lösungen, die der Antisemitismus bietet, können aus Sicht der Sozialdemokraten nur scheinbar Erfolg bringen. Für eine wirkliche Änderung der Verhältnisse kann ihrer Auffassung nach nur der sozialdemokratische Weg möglich sein. Diejenigen, die dies noch nicht erkannt haben, wird ihre Enttäuschung über das Versagen der Antisemiten dann der Sozialdemokratie zuführen. Darum will Liebknecht das wahre Wesen bzw. die Scheinlösungen des Antisemitismus so schnell wie möglich offen legen, nicht ohne aber die grundsätzliche Zielrichtung der antisemitischen Bewegung – zumindest ihrem antikapitalistischen Charakter nach – zu begrüßen. Daher resümiert er – ganz im Sinn der sozialdemokratischen Vorstellung: „Die Übel, welche Sie kennzeichnen und heilen wollen, die erkennen auch wir an. Aber Sie sagen: wir wollen sie heilen, indem wir mit der modernen Kultur brechen und zurückkehren zu mittelalterlichen Ständen – das wäre die Konsequenz Ihrer Forderungen; wir sagen: die jetzige kapitalistische Gesellschaftsform ist eine nothwendige Durchgangsphase [...]"[217]

d) Debatte zu einem Antrag von Antisemiten I

Die antisemitischen Parteien waren im Reichstag durchaus aktiv. So haben sie auch diverse Anträge und Gesetzentwürfe eingebracht, die im Plenum behandelt wurden. Einer, der die Gesinnung des Antisemitismus besonders hervorhebt, wurde im Februar 1895 besprochen. Hier sind sowohl die „Deutsch-Konservative Partei" (Antrag auf Vorlegung eines Gesetzentwurfes, welcher den Israeliten, die nicht Reichangehörige sind, die Einwanderung untersagt)[218] als auch die „Deutsch-Soziale Reform-Partei" (Gesetzentwurf betreffend die

---

[216] ebd., S. 182, A
[217] ebd., S. 180 C
[218] Protokoll des Reichstages, 47. Sitzung, 27. Februar 1895, Anlage Nr. 17

Einwanderung ausländischer Juden)[219] initiativ geworden, beide Entschlüsse wurden zusammen beraten.

Für die Sozialdemokraten äußerte sich der Abgeordnete Vogtherr zu diesem Thema. Er geht auf verschiedene Aspekte des Antrages und der Vorreden ein – so widerlegt er zunächst eine Behauptung des Abgeordneten Jacobskötter, demzufolge 9/10 des unlauteren Wettbewerbs den Juden zur Last fallen würden. Hier betont Vogtherr, dass es mindestens in demselben Prozentsatz auch von nichtjüdischer Seite gehandelt wird. Sehr umfangreich und von der Art und Weise her nah an der Rede Bebels begründet er, warum Juden besonders im Handel eine herausgehobene Position besitzen und ruft die Verbote und Unterdrückung in Erinnerung, denen Juden noch im Jahrhundert zuvor unterlegen waren. Dennoch räumt er ein, dass „[...] es auch unter den Juden Missstände und Ärgernisse giebt, von denen viele derselben wünschten, dass sie nicht vorlägen."[220] Vogtherr betont vor allem, dass es die Gleichberechtigung gebiete, Menschen bei ihrer Einreise nicht nach bestimmten Kriterien zu sortieren. Nicht ohne Grund hätte selbst Bismarck (auf dem Berliner Kongress 1878) auf dem Gleichheitsgrundsatz in religiösen Fragen bestanden. Aus Sicht Vogtherrs ist auch die Beschränkung der Gleichbehandlung in diesem Fall nur ein erster Schritt (was laut Protokoll mit dem Zuruf „Sehr richtig!" von rechts unterstützt wird), welchen die Antisemiten hier fordern würden[221]. Schon allein aus diesem Grund seien Antrag und Gesetzentwurf abzulehnen.

Aber Vogtherr führt noch einen weiteren Grund für die Ablehnung an, der sich auch noch stärker mit dem Wesen des Antisemitismus auseinandersetzt. So wollen die beiden Anträge im Kern das „Deutschtum" schützen – laut Vogtherr ist dieses Anliegen der Antisemiten aber nicht ehrlich gemeint. So bringt er mehrere Beispiele, wie das von den Konservativen und Antisemiten vertretene „Unternehmertum" in Wirklichkeit völlig anders agiert: ob mit der Ansiedelung von chinesischen Arbeitern der Mangel an deutschen Arbeitern ausgeglichen werden sollte oder ob deutsche Reeder indische statt deutscher Heizer anstellen – die Scheinheiligkeit ist laut Vogtherr nicht zu verkennen[222]. Auch hält er ihnen vor: „Sie wissen auch sehr gut, meine Herren, dass sie auch an der Ostgrenze durchaus nicht sich so sehr gegen die Einwanderung und Benutzung russischer und polnischer jüdischer Arbeiter sträuben."[223] Daher sind die Anträge aus Sicht der Sozialdemokratie nur Scheinanträge,

---

[219] ebd., Anlage Nr. 54
[220] ebd., S. 1149 A
[221] ebd., S. 1149 C f.
[222] ebd., S. 1150 A
[223] ebd., S. 1150 B

welche nur eine Stimmung bedienen soll. Vogtherr dazu: „Sie wissen ganz genau (...) um was es sich bei der antisemitischen Bewegung und bei den antisemitischen Anträgen handelt; sie wissen ganz genau, dass damit nicht das Großkapital, nicht das christliche und nicht das jüdische Kapital getroffen werden soll, sondern sie meinen damit den Äußerungen von Unzufriedenheit gegenüber, die in den Kreisen der Landwirthschaft, die in den Kreisen des kleinen Handwerks sich zeigten, irgend eine vorübergehende Befriedigung zu Theil werden zu lassen."[224] Sehr scharfsinnig hat Vogtherr damit nicht nur den Charakter der Antisemiten offen gelegt, sondern auch angedeutet, dass sich der Antisemitismus auf eine judenfeindliche und/oder fremdenfeindliche Stimmung stützt. Auch zeigt seine Äußerung, dass diese Stimmung immer wieder „befriedigt" werden muss, es also weitere Anträge dieser Art geben wird.

Ebenso widerspricht Vogtherr scharf der Behauptung, dass Juden besonders anfällig für Verbrechen seien und polemisiert gegen das von Antisemiten präsentierte Unheilszenario, dass das Christentum und das Deutsche Reich durch einen weiteren Zuzug von Juden geschädigt werden wird: „ [...] damit zweifeln Sie gewissermaßen an der Festigkeit und an der Haltbarkeit derjenigen Grundsätze und derjenigen Sitten und Gebräuche, die Sie selber vertreten. Wenn Sie meinen, dass die so leicht zu erschüttern sind, dann ist daran schließlich auch nicht viel verloren."[225]

Abschließend kommt er auf die bekannte sozialdemokratische Analyse zu sprechen, nach der die Antisemiten schon allein deshalb falsch liegen, weil es nicht um den Kampf gegen das „jüdische Kapital", sondern gegen das Kapital als solches – egal ob christlich oder jüdisch – geht. Der Antisemitismus könne nicht als Mittel zur Beseitigung der Missstände fungieren, denn: „[...] für uns Sozialdemokraten handelt es sich dabei weder um eine religiöse noch um eine Rassenfrage; für uns Sozialdemokraten handelt es sich bei diesen Anträgen (...) lediglich darum, dass wir zwar nicht leichtfertig darüber hinweggehen, dass wir aber auch weit davon entfernt sind, sie in ihrem Werth zu überschätzen."[226] Für Vogtherr ist es offensichtlich, dass der Antisemitismus nicht zum Ziel führen und die Not leidenden Verhältnisse nicht verbessern kann. Wie schon viele vor ihm fasst er zusammen: „Es wäre dazu nichts anderes im Stande als die gründliche Änderung und Umgestaltung unserer wirthschaftlichen und Produktionsverhältnisse."[227]

---

[224] ebd., S. 1150 D
[225] ebd., S. 1151 A und B
[226] ebd., S. 1151 C
[227] ebd.

e) Debatte zu einem Antrag von Antisemiten II

Um die inhaltliche Auseinandersetzung im parlamentarischen Raum noch unter einem weiteren Aspekt zu beleuchten, soll noch kurz auf einen anderen Antrag der antisemitischen Fraktion eingegangen werden. Dabei handelt es sich um den Antrag auf Einführung einer konfessionellen Eidesformel. Auf diesen, von Liebermann von Sonnenberg 1897 eingebrachten Antrag[228], reagiert neben Vogtherr auch der sozialdemokratische Abgeordnete Dr. Lütgenau. Beide gehen zunächst grundsätzlich auf die Frage der Eidesformel ein und verdeutlichen die ablehnende Haltung der Sozialdemokratie zur Verknüpfung von Staat und Religion. Aber natürlich beziehen sich beide darauf, dass mit dem Antrag versucht werden soll, die Juden im Staatsdienst unter Druck zu setzen. Schon allein aus diesem Grund müsse der Antrag abgelehnt werden, denn – so Vogtherr: „[...] Sie mögen sich streiten, wie Sie wollen, es mag Ihnen so unangenehm sein wie es will – Sie werden doch schwer um die Klippe der Gleichberechtigung der jüdischen Mitbürger in Bezug auf die Bekleidung richterlicher Ämter herumkommen."[229] Die Gefahr für die Eidesleistung, welche die Antisemiten bei dem Ausüben dergleichen durch Juden befürchten, kann Vogtherr nicht verstehen und widerlegt diese Behauptung: „Deshalb hat, nach den Juden der Zutritt zum Richteramt gewährt ist, vom Interesse an Wahrung der Heiligkeit des Eides aus beurtheilt, auch das kein Bedenken, dass, wie jederzeit vor christlichen Richtern Juden geschworen haben, auch Christen vor jüdischen Richtern schwören."[230]

Noch grundsätzlicher geht Lütgenau vor. Er widerlegt das Argument, dass mit dem Aufweichen der Eidesformel gar die gesamte christliche Gesellschaftsordnung in Gefahr wäre. Lütgenau bringt hier sogar Beispiele aus der frühen Christenzeit und verdeutlicht, dass einerseits das Christentum selbst – zumindest in den Anfängen – eine sehr kritische Haltung zum Thema Eid hatte. Und andererseits belegt er, dass die Gesellschaftsordnung Grundlage des Christentums sei und daher die behauptete Gefahr gar nicht bestünde. Er verweist sogar auf frühe christliche Gelehrte, die einen kritischen Standpunkt zur Eigentumsfrage vertraten und sah das frühe Christentum als Bewegung der Unterdrückten[231]. Lütgenau verdeutlicht, dass das Thema Religion für die Antisemiten nur ein vorgeschobenes Thema ist, ein „Stärkungsmittel" wie er sagt, um bei bürgerlichen Schichten Stimmen zu erreichen. Aus seiner Sicht sei daher der Antrag nur gestellt worden, um letztlich wirtschaftlichen Interessen zu dienen: „Die Antisemiten selber werden wohl nicht behaupten,

---

[228]   siehe dazu Protokoll des Reichstages, 204. Sitzung, 2. April 1897, Anlage Nr. 41 des Protokolls
[229]   ebd., S. 5457 D
[230]   ebd., S. 5458 A
[231]   ebd., S. 5466 B und C

dass sie die Juden vom religiösen Standpunkt aus bekämpfen; sie thun es von einem wirthschaftlichen Standpunkt aus, und sie suchen nur ein Mittel, um die christlichen Handwerker usw. gegen die Juden einzunehmen."[232] Lütgenau legt damit ziemlich deutlich die Taktik der Antisemiten offen – und warnt ausdrücklich vor ihr.

f) Debatte zu einem Antrag von Antisemiten III

Abschließend soll an einem Beispiel verdeutlicht werden, dass es nicht nur eine Auseinandersetzung um inhaltliche Themen bezogen auf den Antisemitismus gab. Auch über praktische Fragen der Agitation und des Umgangs unter den Parteien kam es im Reichstag zum Streit. So brachten die Antisemiten im März 1906 einen Antrag ins Parlament, der den Schutz der Versammlungsfreiheit forderte[233]. Begründet wurde der Antrag von Liebermann von Sonnenberg mit den oft gewaltsamen Übergriffen von Sozialdemokraten auf antisemitische Versammlungen. Für die Sozialdemokraten konterte der Abgeordnete Baudert: „Nun trifft aber auf die Begründung, die der Herr Abgeordnete Liebermann v. Sonnenberg zu dem von ihm eingebrachten Antrag soeben hier gegeben hat, kein Sprichwort besser zu wie das: `Wer im Glashaus sitzt, soll nicht mit Steinen nach anderen werfen.'"[234] Baudert erbringt mehrere Beispiele, bei denen Antisemiten sozialdemokratische Versammlungen gesprengt hätten und lässt an seiner Meinung zur Scheinheiligkeit des Antrags keinen Zweifel: „Wir haben ja schon mehrfach uns gegenüber die Erfahrung gemacht, dass manche Antisemiten sich sehr gut darauf verstehen, die Freiheit des Versammlungsrechts in Grund und Boden zu stampfen."[235]

Doch Baudert wendet sich nicht nur gegen das aggressive Auftreten von Antisemiten in anderen Veranstaltungen. Er befasst sich ganz grundlegend mit der Art und Weise der Wahlkampfführung antisemitischer Parteien. Von seinem eigenen Wahlkreis berichtet er: „Zunächst steht fest, dass die Antisemiten sich einer groben Irreführung der Wählermassen im Eisenacher Kreise schuldig gemacht haben [...]"[236]. Selbst Nationalliberale würden in dem Punkt die Auffassung der Sozialdemokraten teilen und so zitiert Baudert eine nationalliberale Zeitung mit den Worten: „Die größten Schreier, die ärgsten Schwindler und die dummdreistesten Volksbetrüger sind die Antisemiten. Der Beweis ist unschwer zu erbrin-

---

[232] ebd., S. 5466 D
[233] siehe dazu Protokoll des Reichstages, 72. Sitzung, 21. März 1906, Anlage Nr. 118 des Protokolls
[234] ebd., S. 2189 B
[235] ebd., S. 2189 D
[236] ebd., S. 2190 B

gen."[237] In aller Ausführlichkeit geht Baudert auf viele Beispiele ein, bei denen Antisemiten Gewalttätigkeiten selber ausgeübt bzw. Krawall provoziert haben oder mit ganz offensichtlichen Falschbehauptungen Wahlkampf betrieben hätten. So kommt er zu dem Ergebnis: „Wenn die Antisemiten (...) in einer derartigen Weise provozierend vorgehen, da haben sie gar keine Veranlassung, sich über irgendwelche Anrempelungen, die von anderer Seite geschehen, groß aufzuregen."[238] Nach Bauderts Meinung legen die Antisemiten einen anderen Maßstab an ihr Handeln an als an das anderer Parteien – eine aus seiner Sicht typische Form der antisemitischen Heuchelei. Darum setzt der Antrag aus Sicht der Sozialdemokraten der „[...] antisemitischen Schaumschlägerei die Krone auf."[239]

Die parlamentarische Auseinandersetzung der Sozialdemokratie mit dem Antisemitismus zeigt mehrere Dinge recht deutlich. Zum ersten fand eine intensive Auseinandersetzung statt, die Sozialdemokraten haben die antisemitischen Abgeordneten nicht ignoriert (zumindest im Plenum nicht), sondern ihnen inhaltlich Paroli geboten. Allerdings muss man nach Durchsicht der Protokolle konstatieren, dass sich auch andere Fraktionen mit antisemitischen Anträgen oder Reden auseinandergesetzt haben, so vor allem die „Freisinnigen", teilweise auch die „Nationalliberalen" oder das „Zentrum". Aber keine Partei hat sich derart intensiv und gründlich mit den Antisemiten beschäftigt.

Zweitens bestätigt die Art und Weise der sozialdemokratischen Argumentation im Parlament nochmals die bereits dargestellte Analyse und Strategie der Sozialdemokratie. Vor allem in der Einschätzung, dass der Antisemitismus nur eine Vorstufe für eine gesellschaftsverändernde Bewegung sein kann und dass gerade die bäuerlichen und kleinbürgerlichen Schichten sich nach einer Enttäuschung vom Antisemitismus abwenden werden – das kommt in den Redebeiträgen der Sozialdemokraten klar zum Vorschein. Ebenso verdeutlicht die Art der Beweisführung die Linie, die durch Bebel vorgegeben wurde. Vor allem wird die Entwicklung der heutigen Gesellschaft bezogen auf das Judentum historisch hergeleitet, es wird versucht, die stereotype Verallgemeinerung auf „den Juden" zu widerlegen und herauszustellen, dass es nicht um die Frage „Jude oder Christ" geht. Es wird auch in der parlamentarischen Debatte klar, dass das Hauptübel der Gesellschaft aus Sicht der Sozialdemokratie das Kapital ist – unabhängig davon, ob es jüdisch oder nicht-jüdisch ist.

---

[237] ebd., S. 2190 C f.
[238] ebd., S. 2192 A
[239] ebd., S. 2193 A

Drittens ist doch recht erstaunlich, wie aggressiv, polemisch und scharf die Angriffe der Sozialdemokraten auf Antisemiten ausfallen und mit welcher Gründlichkeit die antisemitischen Argumente und falsche Behauptungen widerlegt werden. Auch fällt – im Gegensatz zu den vielen Beiträgen in der theoretischen Auseinandersetzung – auf, dass die Reden der sozialdemokratischen Abgeordneten kaum von antisemitischen Stereotypen durchzogen sind.

Zuletzt muss man feststellen, dass die Auseinandersetzung im Reichstag umfassend geschehen ist – das meint nicht nur die Debatte um die verschiedensten antisemitischen Argumente, sondern auch die Konfrontation mit den Formen der antisemitischen Agitation.

4 Zusammenfassende Betrachtung

Die Untersuchung der Auseinandersetzung der Sozialdemokratie mit dem Antisemitismus zwischen 1890 und 1914 hat sich auf vier Ebenen konzentriert. Zunächst war zu klären, inwiefern sich die Partei theoretisch mit dem Phänomen befasst hat und wie die Ursachen dieser neuen Entwicklung diskutiert wurden. Daraus ableitend wurde weiter die sich aus der Analyse des Phänomens ergebende strategische Verhaltensweise der Sozialdemokratie zum Antisemitismus betrachtet. Außerdem wurde in zwei weiteren Ebenen die praktische Auseinandersetzung mit dem Antisemitismus hinterfragt, wobei es einerseits um die wirklich praktische, basisorientierte Arbeit ging und andererseits um die parlamentarische Debatte im Reichstag. Sicherlich sind die Ebenen nicht abschließend untersucht und es ließen sich auch noch weitere Ebenen finden, die unter dem Aspekt des Verhältnisses von Sozialdemokratie und Antisemitismus betrachtet werden könnten. Doch diese Studie beschränkt sich auf die eben genannten.

Bezüglich der theoretischen Befassung durch einige ausgewählte Sozialdemokraten muss ein leicht differenziertes Bild gezeichnet werden. Festzuhalten bleibt, dass eine umfassende und breite theoretische Diskussion zum Antisemitismus an sich, zu seinen Ursachen und seiner Entwicklung erst in den 1890er Jahren geführt wurde. Auch wenn es einige Vorarbeiten gab, mit der nötigen Ernsthaftigkeit und auch in der Breite fand sie erst mit dem Einsetzen des Untersuchungszeitraumes statt. Dabei muss man konstatieren, dass die Sozialdemokratie damit nicht nur die erste Partei war, die sich in der Art mit der Erscheinung des Antisemitismus befasst hat, sondern sie in ihrer Betrachtung den anderen Parteien weit voraus war.

Obwohl es innerhalb der SPD einige unterschiedliche Tendenzen gab, herrschte doch eine einheitliche, von Bebel 1893 formulierte Auffassung zum Antisemitismus vor. Er sei – im Unterschied zu der Jahrhunderte alten Judenfeindschaft – insofern neu, als dass er sich politisch organisiert. Der Antisemitismus – als eine Missstimmung der dem Untergang geweihten bürgerlichen Schichten – greift in seiner Kritik an den „jüdischen Kapitalisten" zu kurz. Vielmehr müssten die Anhänger der antisemitischen Bewegung bald erkennen, dass die Lösungen des Antisemitismus nicht ausreichten und daher würden sie zur Sozialdemokratie finden. Das Bild des Antisemitismus als Vorstufe oder Durchlauferhitzer der Sozialdemokratie war eine anerkannte und weit verbreitete Auffassung.

Von dieser Haltung, die per Resolution zum Parteibeschluss erhoben wurde, gab es nur leichte unterschiedliche Nuancen. So ist leider Engels mit seiner frühen Arbeit nicht weiter aufgegriffen worden, der sowohl eine monokausale Verbindung zwischen Kapital und Juden verneinte als auch die später sich durchsetzende Auffassung, der Antisemitismus sei die Vorstufe des Sozialdemokratie, schon früh ablehnte. Auch die Tonalität, die scheinbar in der Reichstagsfraktion herrschte, ist kaum in die Partei vorgedrungen. So wurde hier stärker darauf verwiesen, dass es dem Antisemitismus um die Aufhebung der jüdischen Emanzipation ging und auch die Bewertung der historischen Entwicklung ist durch eine Akzentverschiebung im Vergleich zu Bebel gekennzeichnet. In der späteren Entwicklung der Theorie hat sich leider die Betrachtung von Kautsky bezüglich des Charakteristikums Fremdenhass im Antisemitismus nicht weiter durchgesetzt. Trotzdem muss man die theoretische Auseinandersetzung mit dem Antisemitismus hoch einschätzen. Sie umfasste verschiedene Bereiche des Phänomens, war eingebettet in eine fundierte historische Analyse und war – wenn auch ideologisch stark geprägt – bezüglich der Ursachen und Hintergründe sehr aussagekräftig. Aus heutiger Sicht muss man jedoch festhalten, dass die Analyse einige wichtige Aspekte wie die Dynamik und Integrationskraft, den psychologischen Charakter oder die Gefährlichkeit nicht berücksichtigte oder unterschätzte.

Aus diesen Stärken und Schwächen der Analyse leiten sich auch die Fehleinschätzungen bezüglich der strategischen Auseinandersetzung ab. Im Vergleich zum Agieren der Sozialdemokratie gegenüber der „ersten Welle" des Antisemitismus blieb sie gegenüber der „zweiten Welle" passiv, zurückhaltend. Einerseits hofften die Sozialdemokraten in der antisemitischen Bewegung indirekt einen Helfer zur Politisierung der kleinbürgerlichen und kleinbäuerlichen Schichten zu haben. Die in der Theorie gebildete Vorstellung des Antisemitismus als Durchlauferhitzer ließ die Sozialdemokratie abwarten, um dann „die Früchte zu ernten". Seitens der Parteispitze und auch seitens des Großteils der Partei ist kaum ein aktives Agieren gegen den Antisemitismus zu erkennen gewesen. Wenn sie reagierte, dann nur anlassbezogen und häufig primär zum Schutz der eigenen Wähler- oder Mitgliederklientel.

Mit dem Abebben des politischen Antisemitismus und der starken und aggressiven völkisch-antisemitischen Bewegung um die Jahrhundertwende sank auch die Intensität der Auseinandersetzung. Der Antisemitismus wurde für tot erklärt – das Aufgehen der antisemitischen Ideologie in der Breite der Gesellschaft wurde von der Sozialdemokratie nicht erkannt. Die Warnung Bernsteins, das der „zivilisierte Antisemitismus" wesentlich gefährlicher werden würde als der „Radauantisemitismus", verhallte ungehört.

Dennoch lässt sich in der praktischen Auseinandersetzung ein deutlich höheres Engagement vor allem der Parteibasis gegen den Antisemitismus feststellen. In den offenen Konfrontationen auf Versammlungen, in der aktiven Landagitation oder in einer Vielzahl von Publikationen gab es einen intensiven Kampf gegen den Antisemitismus. Vor allem die vielen kleinen Broschüren, die um Aufklärung und Widerlegung von antisemitischen Argumenten bemüht waren, müssen als große Leistung eingeschätzt und von ihrer Bedeutung und Wirkung her hoch angesehen werden.

Auch die „theoretische Bildungsarbeit" verdient Anerkennung. So war es immer das Bestreben der Sozialdemokratie, mit Hilfe von Fakten und Statistiken die von Antisemiten behauptete „jüdische Gefahr" oder den unterstellten schlechten Charakter „der Juden" zu widerlegen. Auch wehrten sich Sozialdemokraten dagegen, Juden unter einen Generalverdacht zu stellen oder sie „als Gruppe" mit bestimmten, in der Regel negativen Eigenschaften zu verbinden. Auch wurden – wenn auch vereinzelt – die Errungenschaften jüdischer Menschen hervorgehoben.

Allerdings muss auch festgehalten werden, dass sich viele antisemitische Stereotype in den Alltag der Sozialdemokratie eingegraben hatten. Nicht nur in der Unterhaltungspresse oder in Zeitungsartikeln wurden judenfeindliche Vorurteile bereitwillig verwendet, selbst führende Köpfe wie Bebel erlagen der Wirkung solcher Klischees. Obwohl sie in der Regel nicht antisemitisch verwendet wurden, haben sie doch auch innerhalb der Sozialdemokratie für eine weitere Verbreitung und Verfestigung gesorgt.

Geradezu erstaunlich ist das Ergebnis hinsichtlich der parlamentarischen Auseinandersetzung. Hier scheint die zurückhaltende Behandlung des Antisemitismus nicht akzeptiert worden zu sein. Keine andere Partei hat im Reichstag derart umfassend, detailliert und scharf gegen die Antisemiten Stellung bezogen. Im gesamten untersuchten Zeitraum hat es immer eine intensive, teilweise polemische Widerlegung von antisemitischen Inhalten und Agitationsformen gegeben, die zwar in der Herangehensweise jener der theoretischen Debatten sehr ähnelt, sich aber wesentlich aktiver gestaltete.

Besonders dort, wo Sozialdemokraten direkt auf Antisemiten getroffen sind – in der Versammlung vor Ort, im Wahlkampf, im Parlament – haben sie sich sehr intensiv mit ihnen auseinandergesetzt. Die Partei als gesamtes, vor allem bezogen auf die Führungsebene, hat sich, ausgehend von ihrer Analyse, aber kaum aktiv um eine Bekämpfung des Antisemitismus verdient gemacht. Die falschen strategischen Schlussfolgerungen aus ihrer in einigen Punkten schwachen Analyse hat die Sozialdemokratie die Entwicklung betrachten lassen anstatt sie aktiv einzudämmen. Sie hat sich analytisch mit dem neuen gesellschaftlichen Phänomen – welches sie auch selbst stellenweise betroffen hat – befasst, aber die Gefahr, welche vom Antisemitismus ausgeht, unterschätzt.

III Schluss

Die vorliegende Untersuchung hat gezeigt, dass sich die Sozialdemokratie mit dem im Deutschen Kaiserreich auftretenden Antisemitismus auseinandergesetzt hat. Dabei ist diese Auseinandersetzung aber von etlichen Ambivalenzen geprägt. Es kann weder die von Silberner vertretene These, dass es in der Sozialdemokratie eine lang anhaltende Tendenz eines „sozialistischen Antisemitismus" gegeben hat[240] noch die These von Rürup, dass die sozialistisch organisierte Arbeiterschaft immun gegen den Antisemitismus war[241], bestätigt werden.

Die Sozialdemokratie war in dem der Untersuchung zugrunde liegenden Zeitraum weder eine antisemitische Partei noch hat sie den Antisemitismus bewusst unterstützt – sie hat sich also weder der rechtlichen oder gesellschaftlichen Gleichstellung der jüdischen Bevölkerung widersetzt noch hat sie die Minderwertigkeit jüdischer Menschen behauptet oder hat im Judentum gar eine Gefahr gesehen. Die Sozialdemokratie hat sich aber andererseits auch nicht als große Kämpferin gegen den Antisemitismus hervorgetan. Die SPD hat das Phänomen Antisemitismus zur Kenntnis genommen, sich mit ihm auseinandergesetzt, aber als Gesamtpartei aktiv war sie im Kampf gegen diese Bewegung nicht. Dennoch hat die Sozialdemokratie den Antisemitismus in der untersuchten Periode entschieden abgelehnt, sie hat sich durchgängig und einheitlich vom dieser Erscheinung distanziert.

Als erste Partei hat sich die SPD theoretisch mit dem Antisemitismus beschäftigt und hat – viel umfassender und gründlicher als andere Parteien – den Antisemitismus in seiner historischen Entwicklung und seinen Ursachen analysiert. Dabei kam sie zu der Auffassung, dass dem Antisemitismus vor allem jene kleinbürgerlichen und kleinbäuerlichen Schichten anhingen, welche im Rahmen der industriellen Entwicklung zunehmend zu Verlierern wurden. Diese Beschränkung auf den ökonomischen Charakter des Antisemitismus wurde der Sozialdemokratie in ihrer Analyse zum Verhängnis. Zum einen blendete sie damit den konservativen Antisemitismus und damit auch die Verbreitung der Ideologie in die Gesamtgesellschaft aus, zum anderen leitete sie damit eine falsche Strategie in der Auseinandersetzung ab. Die passive, abwartende Haltung, die von der Vorstellung geprägt war, der Antisemitismus wäre eine Art Vorstufe der Sozialdemokratie, ließ die SPD keine besonderen Maßnahmen zum Eindämmen des Antisemitismus ergreifen. Angesichts der großen Anhängerschaft, der breiten Verankerung in der Gesellschaft und des guten Organisationsgrades der Sozialdemokratie wäre hier eine wirkungsvolle Gegenstrategie möglich und – betrachtet man die Entwicklung des Antisemitismus hin zu einem kulturellen Code –

---

[240] Silberner, Edmund: Sozialisten [wie Anm. 14], S. 290 f.
[241] Rürup, Reinhard: Emanzipation [wie Anm. 4], S. 140

auch nötig gewesen. Dennoch darf diese Haltung nicht mit Sympathie für die antisemiti-sche Bewegung verwechselt werden – auch wenn die antikapitalistischen Ziele scheinbar deckungsgleich waren.

Die Ambivalenz in der Auseinandersetzung kennzeichnet sich in der Zurückhaltung ge-genüber dem Antisemitismus einerseits, der theoretischen und praktischen Beschäftigung andererseits. Auch wenn die Analysen des Antisemitismus durch verschiedene Sozialde-mokraten deutliche Schwächen aufwiesen, muss man die Theoriebildung hoch anrechnen. Besonders in der ersten Hälfte der 1890er Jahre hat es intensive Debatten um die Ursachen und Wirkungen des Antisemitismus innerhalb der Sozialdemokratie gegeben und diese mündeten in dem grundlegenden Beschluss zur Abwehr des Antisemitismus. Auch diese deutliche Positionierung ist, abgesehen von der inhaltlichen Auseinandersetzung mit dem Antisemitismus, eine Errungenschaft der Sozialdemokratie. Zusätzlich zu der breiten theoretischen Diskussion muss man die aktive Auseinandersetzung von Sozialdemokraten mit der antisemitischen Bewegung hervorheben. Oft waren sie die einzigen, die den Anti-semiten Paroli boten, deren Argumente widerlegten und den Antisemitismus konkret bekämpften. Vor allem in der Landagitation und in der publizistischen Bildungsarbeit hat die Sozialdemokratie, wenn auch oft nur punktuell und nicht kontinuierlich, viel geleistet. Besonders muss das Agieren der Sozialdemokratie im Reichstag gewürdigt werden. Würde man ausschließlich die parlamentarische Auseinandersetzung mit den Antisemiten betrach-ten, könnte man die SPD durchaus auch als aktive Kämpferin gegen den Antisemitismus bezeichnen. In der Gesamtbetrachtung zeichnet sich somit ein sehr differenziertes Bild.

Mit dem Abflauen des politischen Antisemitismus um die Jahrhundertwende nimmt die Sozialdemokratie immer weniger Notiz von dieser Erscheinung – hier offenbart sich die Schwäche ihrer Analyse. Denn natürlich ist der Antisemitismus auch in der Zeit kurz vor dem Ersten Weltkrieg stark vertreten – er fällt nur nicht mehr in die vor allem ökonomisch determinierte Bewertung der SPD. Darum tendieren zu der Zeit selbst die wenigen Aktivi-täten zur Bekämpfung des Antisemitismus gegen null. Die Sozialdemokratie war nicht im Stande, ihre fehlerhaften Einschätzungen zu revidieren und neue Schlüsse zu ziehen. Die Einschätzung, dass der Antisemitismus nie einen maßgebenden Einfluss in Deutschland haben wird[242], ist vor allem hinsichtlich der kommenden drei Jahrzehnte fatal.

Zugleich ist die Sozialdemokratie eine „Gefangene ihrer Zeit". So gründlich und ernst gemeint ihre theoretisch begründete Ablehnung des Antisemitismus und dessen vereinzelt

---

[242] Bebel, August: Sozialdemokratie [wie Anm. 118], S. 36 f.

auftretende aktive Bekämpfung war, so sehr spiegelt sie doch in der Verwendung antisemitischer Stereotype den Geist der Zeit wieder. Ob in offiziellen Stellungnahmen, Reden, theoretischen Debatten oder in der Unterhaltungspresse – immer wieder werden judenfeindliche Vorurteile bedient und antisemitische Klischees verwendet. Dies geschieht nicht in einer antisemitischen Absicht (ausgehend von der Definition dieser Untersuchung), aber sie bewegen sich in einem gesellschaftlichen Zusammenhang, in dem solche Äußerungen „normal" sind. Insofern muss man der Sozialdemokratie in der Zeit attestieren, dass die Praxis der sozialdemokratischen Arbeit nur gelegentlich mit dem Anspruch der Theorie zusammengepasst hat und sich hier das Fehlen eines entsprechenden Konzeptes zur Bekämpfung des Antisemitismus bemerkbar macht.

Um noch ein genaueres Bild der Auseinandersetzung der Sozialdemokratie mit dem Antisemitismus zu zeichnen, wäre eine detailliertere Untersuchung der mittleren und unteren Parteistrukturen nötig. Hier könnte die bisherige Bewertung der sozialdemokratischen Arbeit gegen die antisemitische Bewegung durch die Analyse von Orts- und Landesverbänden, von Wahlkämpfen in den einzelnen Wahlkreisen oder der Konfrontation in den Landesparlamenten abgerundet werden.

IV Literaturverzeichnis

1. Quellen

Bebel, August: Sozialdemokratie und Antisemitismus – Rede auf dem sozialdemokratischen Parteitag in Köln, 1906

Bebel, August (Hrsg.): Die Sozialdemokratie im Deutschen Reichstag – Tätigkeitsberichte und Wahlaufrufe aus den Jahren 1871 – 1893, 1909, Berlin

Kautsky, Karl: Rasse und Judentum, Berlin, [2]1921

Kautsky, Karl/ Schönlank, Bruno: Grundsätze und Forderungen der Sozialdemokratie – Erläuterungen zum Erfurter Programm, Berlin, 1892

Liebknecht, Wilhelm: Rede über den Kölner Parteitag, 1893, Köln

Protokoll des Reichstages, 111. Sitzung, 30. April 1891

Protokoll des Reichstages, 85. Sitzung, 28. April 1893

Protokoll des Reichtags, 9. Sitzung, 30. November 1893

Protokoll des Reichstages, 47. Sitzung, 27. Februar 1895

Protokoll des Reichstages, 204. Sitzung, 2. April 1897

Protokoll des Reichstages, 72. Sitzung, 21. März 1906

Protokoll über die Verhandlungen des Parteitages der SPD, 1890, Berlin

Protokoll über die Verhandlungen des Parteitages der SPD, 1891, Berlin

Protokoll über die Verhandlungen des Parteitages der SPD, 1892, Berlin

Protokoll über die Verhandlungen des Parteitages der SPD, 1893, Berlin

2. Periodika

Die Neue Zeit, 1892/93, Bd. 11, Nr. 2

Die Neue Zeit, 1885/96, Bd. 14, Nr. 2

Die Neue Zeit, 1902/03, Bd. 21, Nr. 2

Die Neue Zeit, 1905/06, Bd. 24, Nr. 2

Dittmar, Gerhardt: Zur praktischen Landagitation der deutschen Sozialdemokratie unter den deutschen Kleinbauern in den 90er Jahren des 19. Jahrhundert, in: Beiträge zur Geschichte der deutschen Arbeiterbewegung, Nr. 10, 1968

Görschler, Henry: Die revolutionäre Arbeiterbewegung und ihr Verhältnis zum Antisemitismus, in: Wissenschaftliche Reihe der Karl-Marx-Universität Leipzig, Gesellschafts- und sprachwissenschaftliche Reihe, 1965, Nr. 3

Mittheilungen aus dem Verein zur Abwehr des Antisemitismus, 2. Jahrgang, Nr. 11, 13. März 1892

Mittheilungen aus dem Verein zur Abwehr des Antisemitismus, 3. Jahrgang, Nr. 11, 12. März 1893

Mittheilungen aus dem Verein zur Abwehr des Antisemitismus, 20. Jahrgang, Nr. 49, 7. Dezember 1910

Mittheilungen aus dem Verein zur Abwehr des Antisemitismus, 22. Jahrgang, Nr. 11, 22. Mai 1912

Vorwärts, Nr. 254, 29. Oktober 1892

Vorwärts, Nr. 296, 17. Dezember 1892

Vorwärts, Nr. 88, 30. März 1914

Wistrich, Robert S.: Karl Marx, German Socialists and the Jewish Question 1880 – 1914, in: *Soviet Jewish Affairs* 3.1, 1973

3. Schriftenreihen und Sammelbände

Benz, Wolfgang/ Bergmann, Werner (Hrsg.): Vorurteil und Völkermord – Entwicklungslinien des Antisemitismus, 1997, Bundeszentrale für politische Bildung

Brakelmann, Günter/ Rosowski, Martin (Hrsg.): Antisemitismus. Von religiöser Judenfeindschaft zur Rassenideologie, 1989

Braun, Christina v./ Heid, Ludger (Hrsg.): Der ewige Judenhass, 2000, Berlin

Bundessekretariat der Jungsozialisten (Hrsg.): Programme der deutschen Sozialdemokratie, 1963, Dietz-Verlag

Deutscher Bundestag (Hrsg.): Fragen an die deutsche Geschichte, [5]1980

Freyberg, Jutta von; und andere: Geschichte der deutschen Sozialdemokratie – Von 1863 bis zur Gegenwart, [3]1989, Pahl-Rugenstein Verlag

Fülberth, Georg (Hrsg.): Die Wandlung der deutschen Sozialdemokratie vom Erfurter Parteitag 1891 bis zum Ersten Weltkrieg, 1974

Ginzel, Günther B. (Hrsg.): Antisemitismus. Erscheinungsformen der Judenfeindschaft gestern und heute, 1991

Grab, Walter: Juden und jüdische Aspekte der deutschen Arbeiterbewegung, 1977

Heid, Ludger/ Paucker, Arnold (Hrsg.): Juden und deutsche Arbeiterbewegung bis 1933, 1992, Leo Beack Institut

Institut für Marxismus-Leninismus beim ZK der SED (Hrsg.): Karl Marx/ Friedrich Engels – Werke, Bd. 22, [3]1972

Klein, Thomas und andere (Hrsg.): Judentum und Antisemitismus von der Antike bis zur Gegenwart, 1984

Meyer, Michael A. (Hrsg.): Deutsch-Jüdische Geschichte in der Neuzeit, Bd. 3, 1997, C. H. Beck

Schoeps, Julius H. (Hrsg.): Neues Lexikon des Judentums, 2000, Gütersloher Verlagshaus

Schoeps, Julius, H./ Schlör, Joachim: Bilder der Judenfeindschaft, 1999, Weltbild Verlag

4. Monographien

Arendt, Hannah: Elemente und Ursprünge totalitärer Herrschaft, [12]2008, Piper Verlag

Benz, Wolfgang: Was ist Antisemitismus, 2004, C. H. Beck

Berding, Helmut: Moderner Antisemitismus in Deutschland, 1988

Bergmann, Werner: Geschichte des Antisemitismus, 2002

Gräfe, Thomas: Antisemitismus in Deutschland 1815 – 1918. Rezensionen, Forschungs-überblick, Bibliografie, 2007

Haury, Thomas: Antisemitismus von links, 2002, Hamburger Edition

Henke, Hans-Gerd: Der „Jude" als Kollektivsymbol in der deutschen Sozialdemokratie 1890 – 1914, 1994, Decaton Verlag

Keßler, Mario: Antisemitismus, Zionismus und Sozialismus, [2]1994, Decaton Verlag

Koszyk, Kurt: Die Presse der deutschen Sozialdemokratie – eine Bibliografie, 1966, Hannover

Lauer, Eva: Die Position der Sozialdemokratie zum Antisemitismus im deutschen Kaiserreich 1871 – 1914, Magisterarbeit an der Universität Saarbrücken, 1988

Leuschen-Seppel, Rosemarie: Sozialdemokratie und Antisemitismus im Kaiserreich, 1978, Verlag Neue Gesellschaft

Massing, Paul W.: Vorgeschichte des politischen Antisemitismus, 1959, Europäische Verlagsanstalt

Mohrmann, Walter: Antisemitismus – Ideologie und Geschichte im Kaiserreich und in der Weimarer Republik, 1972, VEB Deutscher Verlag

Osterroh, Franz/ Schuster, Dieter: Chronik der deutschen Sozialdemokratie, Bd. 1, 2005

Poliakov, Léon: Geschichte des Antisemitismus, Bd. VII., 1988, Frankfurt/Main

Potthoff, Heinrich/ Miller, Susanne: Kleine Geschichte der SPD 1848 – 2002, [8]2002

Pötzsch, Hansjörg: Antisemitismus in der Region – Antisemitische Erscheinungsformen in Sachsen, Hessen, Hessen-Nassau und Braunschweig 1870 – 1914, Wiesbaden, 2000

Pulzer, Peter G. J.: Die Entstehung des politischen Antisemitismus in Deutschland und Österreich, erweiterte und überarbeitete Ausgabe, 2004, Vandenhoeck & Ruprecht

Rürup, Reinhard: Emanzipation und Antisemitismus, 1975, Vandenhoeck & Ruprecht

Sartre, Jean-Paul: Betrachtungen zur Judenfrage, 1948, Europa Verlag

Scheidemann, Philipp: Memoiren eines Sozialdemokraten, Bd. 1, Dresden, 1928

Silberner, Edmund: Sozialisten zur Judenfrage, 1962, Colloquium Verlag

Thieme, Frank: Rassentheorien zwischen Mythos und Tabu, 1988

Walter, Franz: Die SPD – Vom Proletariat zur Neuen Mitte, 2002, Alexander Fest Verlag